广西广播电视发展报告

广西壮族自治区广播电视局　编

广西人民出版社

图书在版编目（CIP）数据

广西广播电视发展报告 / 广西壮族自治区广播电视局编 . —
南宁：广西人民出版社，2020.9
ISBN 978-7-219-11050-8

Ⅰ．①广… Ⅱ．①广… Ⅲ．①广播事业—发展—研究报
告—广西—2019 ②电视事业—发展—研究报告—广西—2019
Ⅳ．① G229.276.7

中国版本图书馆 CIP 数据核字（2020）第 146683 号

责任编辑　韦　　筱
责任校对　梁凤华
封面设计　陈瑜雁
责任排版　潘艳营

出版发行　广西人民出版社
社　　址　广西南宁市桂春路 6 号
邮　　编　530021
印　　刷　广西雅图盛印务有限公司
开　　本　787mm×1092mm　1 / 16
印　　张　13.25
字　　数　170 千字
版　　次　2020 年 9 月　第 1 版
印　　次　2020 年 9 月　第 1 次印刷
书　　号　ISBN 978-7-219-11050-8
定　　价　30.00 元

编辑委员会

编者按

　　根据全国全区宣传思想工作会议精神和全国全区宣传部长会议部署要求，以及自治区党委宣传部关于开展领导干部深入基层调研工作部署、全区广播电视工作会议精神，2019年初，自治区广电局党组决定在全区范围内对广播电视系统重点、亮点工作及亟待解决的突出问题等开展全面调研工作，目的是全面了解机构改革后全区广播电视系统深入学习贯彻习近平新时代中国特色社会主义思想和党的十九大，十九届二中、三中、四中全会精神的情况，贯彻落实中宣部和自治区召开的宣传思想文化战线开展增强"四力"教育实践工作电视电话会议精神的情况，梳理全区广播电视和网络视听行业改革、发展现状，推动解决工作中存在的问题。

　　根据自治区广电局调研工作实施方案，自治区广电局领导班子全体成员，以及自治区决策咨询委员会专家、自治区人民政府参事、督学、博士生导师于瑮教授，分别牵头负责一个或几个调研课题，带领调研组深入全区各市、县文广旅局以及广播电视行业相关单位、自治区广电局直属单位开展调研工作，围绕增强"四力"教育实践工作、"壮美广西·智慧广电"工程建设、农村应急广播系统建设、市县级媒体融合发展、干部队伍建设等行业内容，通过召开座谈会、发放调查问卷、实地走访等多种形式，与党员、干部、群众面对面交流，察实情、谋实招、求实效，了解广电行业改革发展的现状，聚焦广电行业最急最忧最盼的问题，聚焦长期困扰广电行业改革发展的痛点堵点难点问题，收集破解难题的意见建议，形成了一批较高水平的针对性、指导性、操作性都很强的优秀调研报告，为广西民族文化强区建设提供了强有力的决策支持。

《广西广播电视发展报告》收录调研报告 22 篇，涉及广西广播电视和网络视听行业的各个方面，供大家学习交流参考。

广西壮族自治区广播电视局
2019 年 12 月

C目录
ONTENTS

推动高质量创新性发展
充分发挥广电在宣传思想文化阵地建设中的主力军作用

——广西广电队伍"四力"建设调研的前期状况

课题负责人：张　虹　于　瑛

责任人：唐小新　龙妮娜　吴少进　张　俊　陈　灵　陆　津

　　广播电视是重要的宣传思想文化阵地，广播电视队伍是落实"举旗帜、聚民心、育新人、兴文化、展形象"使命任务的生力军，对积极促进广电事业的发展至关重要，对有效增强新时代宣传思想工作成效至关重要，对充分发挥社会主义意识形态凝心铸魂作用至关重要。

　　为深入学习贯彻习近平新时代中国特色社会主义思想和党的十九大精神，全面落实全国、全区宣传思想工作会议精神，进一步深入了解掌握广西机构改革后广电队伍脚力、眼力、脑力、笔力（简称"四力"）建设情况，扎实做好新时代广电工作，自治区广电局党组于 2019 年 4 月研究并立项了"广西广电队伍'四力'建设研究"课题。课题组先后在区内县市级广电部门进行了实地调研、问卷调查、座谈访谈，形成了前期调研报告。

一、成绩与成效：当前广电工作亮点纷呈，各项事业创新发展

在此次全区机构改革过程中，自治区广电局作为自治区人民政府直属机构独立设置，这是自治区党委、政府加强新时代意识形态工作的重要举措，是巩固强化广电事业发展的重要抓手。机构改革后，自治区广电局按照"建设壮美广西　共圆复兴梦想"的总目标总要求，坚持"解放思想、改革创新、扩大开放、担当实干"工作方针，重点突出庆祝中华人民共和国成立 70 周年这条主线，围绕"四个一"工作重点，扎实开展各项工作，各项事业取得了新进展新成效。

（一）扎实开展"壮美广西·智慧广电"工程建设

2019 年 4 月，自治区政府办公厅印发《"壮美广西·智慧广电"工程实施方案》，这是自国家广电总局印发《关于促进智慧广电发展的指导意见》后，第一个由省（自治区）级层面出台的智慧广电实施方案。该方案提出了要用三年时间，构建新型智慧化广播电视传播体系。工程领导小组办公室印发《2019 年"壮美广西·智慧广电"数字广西"广电云"村村通户户用工程建设实施方案》，细化年度目标任务、进度安排和资金预算。各地加强基础设施建设，全面推进项目进程，各项工作均按照工作计划和时间节点稳步推进、落地见效。

（二）稳步推进中国—东盟电视周系列活动筹备工作

中国—东盟电视周系列活动总体方案已得到自治区人民政府和国家广电总局的批复同意，并于 2019 年 9 月 18 日启动，活动以 2019 年"中国—东盟媒体交流年"为主题，举办包括中国—东盟电视周启动仪式暨中国—东盟影视金曲盛典、中国—东盟博览会开幕大会中国—东盟媒体交流

年主题特设环节、中国—东盟媒体合作成果展、中国—东盟优秀合拍电视片展播、中国—东盟广播电视及新媒体论坛暨电视交易会等 5 个项目。

（三）扎实推动中国—东盟网络视听产业基地建设

2019 年 4 月底已完成广西新媒体中心一期工程裙房连廊、A 座公共区域装修施工，一期工程累计已完成投资 9.57 亿元。上半年，华为、科大讯飞、上海文广等近 20 家高科技企业已签约入驻中国—东盟网络视听产业基地，在智慧城市、小语种数据应用、5G 应用、4K 内容等领域与广西开展广泛合作。此外，《中国—东盟网络视听产业基地发展战略规划》初稿已完成，现进入到评审阶段。

（四）倾力打造一批广播电视和网络视听精品项目

电视剧《江上有红船》入选国家广电总局优秀剧本扶持引导项目；纪录片《铁血湘江》《苗寨八年》入选国家广电总局纪录片创意选题；纪录片《书香·最美的故事》《烈火青春》入选国家广电总局第一季度中国梦主题短纪录片展播项目奖励；动画片《白头叶猴之嘉猴壮壮》获国际动画大赛优秀奖；自治区广电局策划出品的公益广告宣传片《我们在守护》获得国家广电总局 2018 年度全国广播电视公益广告电视类一类作品扶持，这是广西公益广告片首次获得电视作品一类扶持；《非同小可》等 4 个少儿栏目获得国家广电总局 2018 年度少儿精品发展专项资金扶持精品栏目等奖项。举办 2019 "壮美广西·网播天下"系列活动之广西"三月三"短视频创摄大赛。牵头联合自治区扶贫办、广西广播电视台制作完成黄文秀同志先进事迹网络专题片《新长征路上的青春之歌——记广西优秀党员黄文秀》。推进献礼中华人民共和国成立 70 周年网络电影《这一刻》的拍摄工作。

二、短板与差距：当前全区广电阵地建设存在的问题

据调查，根据《广西壮族自治区广播电视局职能设置、内设机构和人员编制规定》精神，自治区广电局主要职责基本对应国家广播电视总局的职责。但各市县广电系统在全区机构改革后内设机构、职能配置、人员编制均发生了较大变化、各不相同，与新时代增强宣传思想政治工作的要求仍有差距。

（一）基层广电职能体系精简，"化学反应"尚未完全发生

经调查，全区机构改革后，全区 14 个地级市中，南宁、柳州、桂林、百色、来宾等 5 个市设市文化广电和旅游局，梧州、防城港、钦州、贵港、玉林、河池等 6 个市设市文化广电体育和旅游局，这 11 个市局名称中均保留"广电"名称；其他 3 个市，北海市设旅游文体局，贺州市设文化和旅游局，崇左市设文化和旅游局（体育局），3 个市局均加挂"广播电视局"牌子，合署办公。机构改革后，广播电视部门作为兼有意识形态和技术双层管理职能的行政部门，在机构的配置和人员的配备上明显不足，面临不少新的困难和挑战，具体有以下几种情形：

1. "有名无实"型。"有名无实"型，即只在市级机关层面有广电的名字、有负责广电职责的领导、有设置负责广电工作的科室，但没有负责广电工作的科室人员。如防城港市文广体旅局，其部门有承担广电职能的职责说明、有两个内设机构（科技事业和安全传输保障科、传媒机构管理科），但 5 名科室人员均为领导班子成员，即科室中没有落实具体工作的人员。

2. "有名无力"型。"有名无力"型，即在市级机关层面有广电的名字、有负责广电职责的领导、有设置负责广电工作的科室、有负责广电工

作的科室人员，但负责广电工作的人员不懂相关技术，人员配置明显不足、年龄老化，工作中经常出现无力执行、守摊度日的情形。调查发现这种情况比较普遍，占比达到80%。如贺州市文旅局，该局内设贺州市广播电视办公室（主要负责广电业务），根据工作需要对外可使用贺州市广播电视局名称，该办公室人员有3人，其中主任1人、副主任1人、科员1人。

3. "半截子"型。调查显示有个别市级广电部门在机构改革后已成为"空中楼阁"，在县级行政机构中已没有对应的职能部门，成为"半截子"广电部门。如百色市文广旅局，在市级层面有内设机构、科室人员，县区原负责广电工作的人员（广播电视局）已划拨至宣传部，因此百色市文广旅局中的广电职能停留在了市级层面，有关广电的工作计划、任务下达至县区层级后如石沉大海，计划、任务更是无法传达至乡镇基层。

（二）基层广电阵地管理统筹不够，信息传播实效较差

目前，广电系统宣传平台、舆论阵地多样，有广播电视台、新媒体、新闻中心、文化站等。此外，县级融媒体中心也正加快建成。平台、阵地虽多，但并未形成合力。具体实践中，平台运营管理各自为政，缺乏信息共享、传播联动，没有一个统一的领导机构来部署工作。这给平台运营、阵地管理带来极大障碍：一方面，降低了平台之间的沟通和信息共享效率，延长了信息发布周期，难以保证信息传播的实效性；另一方面，在传播重要方针政策和处理重大突发性事件时，割裂的平台之间难以统筹协调，形成传播合力。

（三）基层广电品质核心竞争力弱，原创品牌力作偏少

调研结果显示，基层广电系统具有原创性的品牌力作偏少，缺少人民群众日常关心的、发生在他们身边的新闻报道，缺少对人民群众日常生活质量提升有重要影响的如生活技术、家庭致富等方面的内容传播，缺少反映民族特色、地域特色的品牌力作。比如，除南宁、柳州、桂林、北海、梧州等少数几个市台外，多数市、县的新闻节目几乎都是领导新闻、会议新闻，民生新闻、经济新闻、社会新闻少之又少；一些市、县台的新闻和专题节目的标题空洞僵化，口号化、模式化严重；很多市、县广播电视播出机构没有中长期的节目生产创作规划，节目生产和精品创作后劲不足。

（四）应急广播体系尚未健全，"末梢堵塞"情况较为严重

应急广播体系是政府应对突发事件的有效指挥调度平台，是一项满足基层应急与宣传需要的极其重要、不可替代的民生工程。调研组实地考察发现，自治区、市级应急广播平台尚未建设，全区有 89 个非深度贫困县（区）未纳入国家广播电视总局的建设规划，10801 个行政村未安装应急广播终端。再加上全区仍有 20% 的行政村没有全覆盖广电有线网络，导致部分乡村安装的村级应急广播设备成为传统意义上的孤立广播站，"末梢堵塞"情形较为严重，"最后一公里"尚待进一步打通。

三、对策与建议：推动高质量创新性发展，充分发挥广电在宣传思想文化阵地建设中的主力军作用

（一）理顺广电部门归口管理关系，彰显国家机构政治属性

理顺广电部门归口管理关系，彰显国家机构政治属性是做好广电工作的前提和基础。建议以习近平总书记在《关于深化党和国家机构改革决定稿和方案稿的说明》中对国家广电总局设置的说明定位为指导，进一步理顺自治区各层级广电行政部门的职能配置、机构设置。①建议自治区党委、政府办公厅下文规范市县（区）级广电行政部门机构设置，明确其归属，理顺归口管理关系。②建议市、县（区）有必要调整或成立相应事业

单位承担广播电视基础设施建设工作。③建议将《广西广播电视管理条例》执行情况纳入自治区人大常委会组织开展的年度执法监督工作。

（二）强化广电机制流程顶层设计，突出政策引领战略导向

顶层设计管全局，政策引领导方向。广电系统的人才引进机制、评价激励机制、教育培训机制急需进行宏观统筹设计，体现广电系统人才队伍建设的实际需要和行业特点。人才引进机制上，可以充分参考《广西壮族自治区高层次人才认定办法》等相关条文，制定广电系统专业技术人才认定标准，为不同层次的技术人才提供住房保障、子女上学、医疗保健等方面的优惠待遇；评价激励机制上，可以考虑实行年薪制、项目包干制、质优奖励制；教育培训机制上，可以实行异地培训考核制、职称晋升关联制。鼓励广电事业单位设立人才发展基金，对特殊职业、特殊专业、特殊人才实行特殊津贴，在收入分配上向一线倾斜、向重点岗位倾斜。

（三）拓宽广电事业经费来源渠道，激发民投民用民享活力

广电事业建设项目大多属于重要的文化惠民工程，经费只靠政府的固定投入很难在短期内实现全村全民全覆盖，智慧广电难以尽快落地发挥作用。在基础设施建设上，可试行"分段民投民营、分类专业运营、集体利益共享"等模式，争取实现政府、企业、村民的"三赢"；在广电服务功能上，可拓宽平台运营的有偿信息量，搭载其他部门的发布需求，将广电系统发布平台打造成集社会新闻信息发布、百姓生活服务、公众政务发布、基层电商运营、网络安全监管于一体的多重传播体系。

（四）坚定智慧广电内容生产王道，提升主流舆论的智能化

内容是广电系统的立身之本。广电系统的发展必须坚持内容为王，注重内容创新，以内容优势赢得发展优势。充分发挥传统媒体中采编经验丰

富的记者、编辑的作用，让他们以专业理念、专业技能向社会提供高品质的新闻和信息服务；组织精干人员及时梳理网络民意，在社会热点的快速反应、深度分析、有效引导上实现新突破，用良好的百姓话语营造舆论气场，讲好地方故事；开展原创精品展播竞赛，深耕地方民族特色文化，创制具有壮乡特色、民族韵味、百姓喜欢的宣传品牌。

（五）加强智慧广电行业监管，巩固党的意识形态阵地建设

广播电视是党和国家的喉舌，对意识形态领域的监管一直是部门和行业的重中之重。严格落实意识形态工作责任制，压紧行业管理责任和属地管理责任，压实广播电视机构和网络视听企业主体责任，把党管意识形态的要求落实到全区广播电视和网络视听机构、内容、产品市场管理等各环节，围绕重要敏感时间节点，做好预警监测、分析研判和风险防控工作，旗帜鲜明批驳错误思潮和错误思想言论。

建设智慧广电工程，助力脱贫攻坚

课题负责人：张　虹　李晓泉　李庆楠

责任人：利让贤　覃黔宁　韦泽华

2019 年是完成脱贫攻坚任务的重要节点年。为推动全区广电行业扶贫工作深入开展，自"壮美广西·智慧广电"工程启动以来，结合"不忘初心、牢记使命"主题教育的要求，自治区广电局公共服务处在李晓泉、李庆楠两位副巡视员带领下，3 月、6 月组织调研组分赴河池市都安、大化瑶族自治县，崇左市大新县，贺州市富川瑶族自治县等地就智慧广电工程助力脱贫攻坚、业态建设需求方面开展调研。调研组通过座谈了解、实地查看、与农民面对面聊天等多种方式，基本掌握了农村贫困地区对广电发展建设的需求、智慧广电在农村地区的建设方向，坚定了建设智慧广电工程、为打赢脱贫攻坚战贡献力量的信心。

一、背景情况介绍

（一）智慧广电工程建设背景

近些年，虽然广西广播电视发展取得了巨大进步，但与自治区党委、政府的期望和人民群众的期待相比，还有很大差距。全区广播电视内容制作水平亟待提高，好节目、好栏目还比较缺乏，广播电视基础设施薄弱，农村地区光纤联网率不高，广电媒体与新兴媒体深度融合不足，视听新媒体影响力较弱，融合发展不平衡。2019年1月26日，自治区主席陈武在自治区第十三届人民代表大会上代表自治区人民政府向大会作政府工作报告，将"壮美广西·智慧广电"工程正式纳入政府工作报告。为贯彻落实好政府工作报告，根据自治区党委、政府领导指示，自治区广电局组织起草了《"壮美广西·智慧广电"工程实施方案（征求意见稿）》，在征求了相关厅局、设区市意见后，进一步修改完善，报自治区党委、政府审定，2019年4月上旬《广西壮族自治区人民政府办公厅关于印发"壮美广西·智慧广电"工程实施方案的通知》（桂政办发〔2019〕37号文件）正式印发。这份文件是指导当前和今后一个时期广西广播电视事业工作的一个重要文件，为广西广播电视事业实现高质量发展，服务经济社会发展和建设壮美广西、共圆复兴梦想提供有力支撑。

（二）贫困地区"广电云"村村通户户用工程建设背景

党中央和自治区党委、政府高度重视极度贫困地区脱贫攻坚工作，指出要以更加集中的支持、更加有效的举措、更加扎实的工作，全力攻克极度贫困堡垒。2019年是脱贫攻坚关键一年，中央第二巡视组在向广西反馈意见时，详细指出了具体问题并提出了明确的整改要求，体现了党中央对广西脱贫攻坚的高度重视和亲切关怀。智慧广电工程服务体系建设是自治区党委、政府关于决战极度贫困地区脱贫攻坚支持政策之一，实现极度贫困地区广播电视光纤入户率达到国家全面建成小康社会统计监测指标标准，对确保极度贫困地区与全国全区同步实现全面小康具有重要意义。

2020年是我国全面建成小康社会之年，包括广电网络服务在内的公共文化服务均等化、标准化是重要标志之一。推进智慧广电建设，加快形成布局合理、特色鲜明、形态多样、功能完备，并具有可持续发展能力的智慧广电发展新的格局，有利于满足人民群众对广播电视的新期盼，满足人民群众对美好生活的新需求，有利于各级党委、政府更好地宣传党的路线方针政策，有利于更好地发挥文化惠民的功能作用，对提高贫困群众自我发展能力、实现全面脱贫具有重要意义。

2018 年以来，自治区出台了《广西壮族自治区人民政府办公厅关于印发决战极度贫困地区脱贫攻坚支持政策的通知》（桂政办发〔2019〕14号）、《广西壮族自治区人民政府办公厅关于印发数字广西"广电云"村村通户户用工程三年攻坚会战实施方案（2018—2020 年）的通知》（桂政办发〔2018〕98 号）及《广西壮族自治区人民政府关于印发 2019 年自治区〈政府工作报告〉重点工作部门分工方案的通知》（桂政发〔2019〕10 号）等系列文件，明确了加快推进新时代农村宣传思想文化阵地建设，构建新形势下农村广播电视公共服务体系，切实改善广西贫困地区广播电视基础设施建设状况，满足人民群众日益增长的精神文明需要的目标任务和实现路径。

二、贫困地区广电建设现状及存在问题

（一）助力脱贫攻坚方面

1. 部分市县对广播电视村村通户户用重要性的认识高度不够。智慧广电工程建设需要各市县成立领导小组，出台实施方案，落实配套资金，但是目前尚有部分市县对实现广播电视村村通户户用、提高贫困群众自我发展能力、实现全面脱贫的重要意义认识不深，在成立领导小组、出台实施方案、落实配套资金、进村入户发动群众等方面推三拖四，推进不力。

2. 有线电视村村通成本大。广西的贫困地区大多是在山区，山高路险，人口稀少，布点分散，架设有线网络存在成本高、收益低的问题。

3. 广播电视无线覆盖存在盲区。当前广西的贫困地区集中在一些山

区和地形特殊的地方，虽然广西自 2003 年以来大力推进乡镇无线发射台站建设，但还是存在无线信号覆盖盲区。

4. 建设资金存在缺口。智慧广电工程、广播电视节目乡镇无线覆盖工程、应急广播体系建设工程、广西数字网络图书馆（数字农家书屋）工程建设均需投入大量资金，但是目前仅有广播电视节目乡镇无线覆盖工程、广西数字网络图书馆（数字农家书屋）工程由中央财政和自治区财政全额拨款，应急广播体系建设工程存在拨款不足，智慧广电工程由广西广电网络公司自主筹资为主，建设资金压力较大。

（二）智慧广电工程业态建设方面

1. 村级服务中心以提供实体农家书屋借阅服务、提供群众代办部分政务、开展文化体育活动为主。有线电视光纤网络通达村级服务中心的比率不高，实体农家书屋利用率较低。

2. 由于医保、社保查询手续烦琐，在村委办公楼（或服务中心）无法直接查询，群众普遍反映希望能实时看到医保、社保查询办理结果。

3. "控辍保学"一直是乡镇教育教学的重点工作，也是难点工作。驻村第一书记、乡镇宣传委员以开展教育精准扶贫及送教上门服务的方式解决适龄学生接受义务教育的困难，对智慧广电＋教育非常感兴趣，也有迫切需求。

4. 部分市、县在交流时对医疗与智慧广电的关联性有所质疑，调研组已做出了解释和答疑，表示智慧广电＋医疗主要是帮助政府建设网络的"高速公路"，通过开放的网络承载不同的政用、民用、商用服务，满足群众需要。

5. 崇左市在交流时，对"广电云"平台的网络安全性以及资费问题存在疑虑，调研组当场对资费政策进行了宣讲。

三、收集到的对智慧广电建设的意见建议

调研组主要就智慧广电＋政务、智慧广电＋旅游、智慧广电＋教育、智慧广电＋医疗、融媒体中心建设等智慧广电业态进行调研，各地相关需求可归纳为几个方面：

1. 智慧广电＋政务。建议加快与政府各部门对接，为群众提供政务、民生信息咨询、查询、办理服务，在电视端实现"村务公开"。

2. 智慧广电＋旅游。

（1）建设智慧广电＋旅游平台，联通省、市、县三级旅游资源，开发定制化旅游产品，利用大数据技术提升平台为政府、游客、居民、涉旅企业的服务能力。

（2）成立旅游基金，向股民募集资金，在景区打造智慧广电民宿新业态，带动周边产业及经济的发展。

（3）引进大学生原生态写生基地项目，对当地景区进行开发，带入每年 20 万人的学生资源，帮助当地以旅游产业振兴乡村。

3. 智慧广电＋教育。

（1）实现行政村联网，帮助乡镇中小学的宽带提速，光纤接入教学点，提供无延时的远程教学，实现异地同步课堂教育，解决乡镇学校师资力量不足的问题。

（2）建设区、市、县三级联动的智慧广电＋教育平台，实现全区教学资源共享，提升乡镇学校教学水平，为农村学生提供更优质的教育资源推进公平教育。

（3）通过广电网络将远程教育直接送达用户家中，实现远程教学，开展科普教育，提升教学水平。

（4）政府补贴智慧广电＋教育，让学生、学校受益，减轻学生付费以

及学校的教学经费压力。

4. 智慧广电＋医疗。

（1）智慧广电＋医疗平台整合和接入省、市、县医疗资源，通过5G或专网开展远程医疗，并在病人首诊时能根据会诊结果分配要转诊的医疗机构，实现分级诊疗。

（2）智慧广电＋医疗打造一个远程医疗平台的总入口。通过与三甲医院的联通，为乡镇医疗机构提供高清的远程的医生教学、病历探讨、远程会诊等服务。

（3）智慧广电＋医疗平台要打通医保、社保的结账结算功能，解决医疗的异地报销问题。

（4）建设电视端的家庭远程医疗问诊平台，提供预约和咨询服务。

（5）利用应急广播为边境群众做好"健康宣传知识"的普及，能提供医疗服务。

5. 融媒体中心建设。

（1）尽快开发应用，参照广东省模式，实现微发布、微服务、微办事大厅、微民政及医问答等功能，加快融媒体提供民生、政务服务的能力建设。

（2）智慧广电平台与"爱广西"融媒体平台合为一体共同建设运营。

（3）融媒体平台增加"新闻发布"功能，并支持云直播功能。

（4）加大县级智慧广电融媒体建设的培训和宣传力度。

四、破解难题的思路和举措

（一）助力脱贫攻坚方面

1. 积极与各级扶贫、财政等部门对接，争取资金、政策支持，整合利用各类资源，降低架设有线网络的成本，为完成有线广播电视户户通任务注入更大动力。

2. 要求各市、县广电行政部门把广播电视户户通作为"一把手"工程，成立领导小组，主要领导亲自抓，分管领导靠前抓，全力做好服务、汇报、争取等各方面工作。结合设区市绩效考核工作，对工作完成好的进行表扬，对工作推进不力、不能如期完成的提出批评。

3. 要加大宣传力度，不断提高群众对广播电视村村通户户用工程的知晓度、参与度、满意度，自觉自愿使用有线网络。要重点向基层党委、政府、扶贫部门和贫困群众，多层次、多形式、全方位宣传广电行业扶贫政策和推进措施。积极协调报纸、电视、网络等媒体，利用相关专栏、专版、专题，广泛宣传广电行业扶贫优惠政策，不断扩大社会影响。积极到街头村尾开展形式多样、内容丰富的政策咨询活动，向群众免费发放宣传单，举办现场答疑、宣传讲解等活动，让老百姓能够充分享受到惠民政策，让他们会用、用好、看好电视。

（二）智慧广电工程业态建设方面

1. 成立智慧广电＋政务、智慧广电＋旅游、智慧广电＋教育、智慧广电＋医疗等专题工作小组，加强与相关政府部门对接，尽快提供相关建设方案，推进业态建设。

2. 尽快将广电网络光纤接入村级服务中心，提供政策信息公开、车票订购、劳务就业信息公布等服务，借助村级服务中心向村民宣传推广高清电视、宽带等业务。

3. 尽快实施广西数字网络图书馆（数字农家书屋）工程，实现农家书屋提质升级。

新时代河池市宣传思想文化工作调研报告

课题负责人：张　虹

责任人：古里平　邓　建　黄　浪

　　根据中央和自治区"不忘初心、牢记使命"主题教育的工作部署和《自治区党委宣传部关于开展 2019 年领导干部深入基层调研工作的通知》要求，2019 年，自治区广电局党组书记、局长，自治区党委宣传部副部长（兼）张虹先后四次带队（自治区党委宣传部电影处和自治区广电局有关处室参加）赴河池市及都安、大化、东兰、巴马、凤山、宜州、罗城、环江、天峨等 9 个县（区），并深入到行政村、屯和市县图书馆、博物馆、融媒体中心，以召开座谈会、实地走访等形式，就河池市各级各部门贯彻落实全国全区宣传思想工作会议精神，如何适应新时代、新任务、新要求，主动担当作为，推动宣传思想文化工作开创新局面，更好地履行举旗帜、聚民心、育新人、兴文化、展形象使命任务，开展了广泛深入调查研究。

一、基本情况和主要做法

　　党的十八大以来，党中央把宣传思想工作摆在全局工作的重要位置，作出了一系列重大决策部署，实施了一系列重大举措。2013 年、2018 年党中央先后召开了全国宣传思想工作会议，习近平总书记都到会作了重要讲话，要求各级党委，特别是宣传思想文化战线把宣传思想工作做得更好。习近平总书记强调，完成新形势下的宣传思想工作任务使命，必须以新时代中国特色社会主义思想和党的十九大精神为指导，增强"四个意识"、坚定"四个自信"，自觉承担起举旗帜、聚民心、育新人、兴文化、展形象的使命任务，坚持正确政治方向，在基础性、战略性工作上下功夫，推动宣传思想工作不断强起来，促进全体人民在理想信念、价值理念、道德观念上紧紧团结在一起，为服务党和国家事业全局作出更大贡献。从调研组深入调查的情况看，在党中央和上级党委的坚强有力领导下，河池市宣传思想战线积极作为，开拓进取，扎实工作，在贯彻落实党中央和自治区党委关于宣传思想工作重大决策部署上，实施了一系列有力举措，也取得明显的成效。

（一）开拓新阵地，落实新举措，推动习近平新时代中国特色社会主义思想深入人心、落地生根

一是以"四力"教育为抓手，强化干部队伍理论武装。全市及市县（区）按照习近平总书记提出的"不断增强脚力、眼力、脑力、笔力，努力打造一支政治过硬、本领高强、求实创新、能打胜仗的宣传思想工作队伍"的要求，牢牢把握工作目标和重点任务，成立工作领导机构，制定下发宣传思想文化战线开展增强"四力"教育实践工作实施方案，不断强化宣传思想干部队伍理论武装，提高政治素质和为人民服务的能力。通过党组（党委）理论中心组学习、支部学习、报告会、宣讲会、个人自学等形式深入学习党的十九大和十九届二中、三中全会精神，贯彻落实习近平总书记关于扶贫工作重要论述和习近平总书记视察广西时的重要讲话精神，开展了"领导领学""党员干部上讲坛"等活动；围绕增强宣传思想文化干部"四力",加强理论培训,采取自主办班、外出学习交流等形式,提升理论水平。邀请自治区党委讲师团、自治区党委宣传部到新时代讲习所进行理论宣讲活动。截至 2019 年 5 月底,全市各级各类宣讲队伍宣讲习近平新时代中国特色社会主义思想和党的十九大精神 350 场,直接受众 2 万余人。

二是以"学习强国"学习平台为载体,抓好党员干部的线上学习。在党员干部中大力推广"学习强国"平台。在"学习强国"学习平台注册登录的党员达 116166 人,党员注册上线率为 74.71%,在全区 14 个市中排第 5 名。其中都安瑶族自治县已经注册上线 15304 人,注册率为 80.51%,在编在岗的党员干部注册率达 100%。都安理论中心组于 2019 年 6 月 13 日在全区党委(党组)理论学习中心组学习经验交流会上作经验发言。

三是新时代文明实践中心和新时代讲习所成为传播新理论新知识的重要渠道。全市创立新时代文明实践中心 12 个、新时代讲习所 1927 个。新时代讲习所实现乡镇、行政村全覆盖。新时代文明实践中心和新时代讲习所成为加强基层党建,传播习近平新时代中国特色社会主义思想和党的方针、政策及新知识,密切联系群众的重要渠道。

(二)围绕中心,服务大局,做大做强主流思想舆论,在强信心、聚民心、暖人心、筑同心上持续发力

一是强信心,主流舆论阵地唱响主旋律,传播正能量。河池市各级电台、电视台、报纸、融媒体中心持续深入开展习近平新时代中国特色社会主义思想和党的十九大精神宣传报道,组织市级新闻媒体做好"在习近平新时代中国特色社会主义思想指引下——新时代新作为新篇章"主题采访报道。2019 年上半年,在中央、自治区主流媒体围绕中华人民共和国成立 70 周年、脱贫攻坚、产业转型升级、乡村振兴等刊发重点稿件近 400 篇(条)。

二是聚民心，暖人心，脱贫攻坚宣传报道工作成效明显。将脱贫攻坚宣传报道工作纳入宣传思想工作要点、重点新闻工作方案等，起草《河池市 2019 年脱贫攻坚工作宣传方案》，组织市级媒体开设"推进六大行动 决胜全面小康""立下愚公志　打赢攻坚战""第一书记"等专题专栏，实时报道市委、市政府关于脱贫攻坚的部署以及各级各部门脱贫攻坚工作的进展成效，引导全市广大党员干部主动担当作为推进脱贫攻坚。开设"脱贫战场比、赶、超""我的脱贫故事"等专题专栏，充分激发贫困地区和贫困群众脱贫致富的内在动力和自我发展能力。推出易地扶贫搬迁、产业脱贫、旅游扶贫、"空店"精准扶贫、小额信贷、生态补偿、扶贫协作等经验亮点，以及黄江山、曾馥平、谢万举、陆政等一批脱贫攻坚一线的先进典型。2019 年，中央、自治区主流媒体在重要版面、重点时段共刊播河池市新闻稿件 200 多篇（条）。市级报纸、广播、电视、网站及"两微一端"共刊播脱贫攻坚相关稿件 1500 余篇（条）。

三是筑同心，强化桥梁纽带，新闻发布工作实现常态化。市、县（区）党委、政府先后制定人民政府新闻发布和新闻发言人制度、党委新闻发言人制度、人民政府例行新闻发布制度和突发公共事件新闻报道应急办法，适时发布政府重大决策部署及经济社会发展的重要情况，确保政府新闻发布更加及时、公开、透明。2018 年，共举办新闻发布会 31 场，其中市本级新闻发布会 9 场，县（区）新闻发布会 22 场。积极组织新闻发言人参加相关业务培训，增强新闻发言人综合素质。2018 年 6 月举办全市新闻发言人培训班，邀请新华社、广西日报等区内外著名新闻媒体的专家，围绕新闻发布与新闻发言人、新媒体语境中的新闻发布与舆情回应、突发事件处置案例分析等方面，对全市及各县（区）各单位新闻发言人及联络员约 450 人进行培训。2019 年，河池市将继续组织开展相关培训，着力提高新闻发布水平和新闻发言人的媒介素养。

（三）以文化人，着力建设社会主义精神文明，践行社会主义核心价值观

一是持续开展社会主义核心价值观宣传教育。采取张贴宣传栏、悬挂横幅、写标语、刊播公益广告、开展文艺演出等形式进行社会主义核心价值观的宣传，在村镇、社区、学校、景点景区等人员密集场所都设置宣传牌，同时结合工作实际开展爱国主义、精神文明创建、学雷锋志愿服务、节俭养德、文明旅游、扶贫济困等主题实践活动。比如都安瑶族自治县通过设立宣传板报、建立"好人一条街"，集中展示该县近年来涌现的践行社会主义核心价值观的鲜活事例，取得较好的宣传教育效果。

二是扎实开展"扫黄打非"进基层行动。认真贯彻落实党中央、自治区"扫黄打非"行动部署，制定和印发2019年度全市"扫黄打非"工作方案，扎实有效开展"扫黄打非"专项行动。2019年1至5月份，河池市共组织开展元旦春节期间、两会期间、中小学校及周边、学习类App、网上不良信息等专项整治行动5次，共办理"扫黄打非"案件8起，收缴违法出版物13792册，进一步规范文化市场秩序。扎实推进"扫黄打非"进基层工作，乡镇都成立了"扫黄打非"工作小组，行政村都挂牌成立了"扫黄打非"工作站，一般都能做到有"扫黄打非"标牌上墙、有人员情况上墙、有工作职责上墙、有工作制度上墙、有宣传阵地、有举报渠道、有八项制度、有队伍建设、有依托平台等"九有"要求。推选出有创新、有实效、有特色、有竞争力的"扫黄打非"示范点参加全区"扫黄打非"进基层示范点评选。

三是发挥农村"一约四会"作用，培育农村良好民风家风乡风。全市行政村都建立村民规约、红白理事会、道德评议会、村民议事会、禁毒禁赌会的"一约四会"制度，覆盖率达到100%。统一制定了制度、职责、工作办法等，各行政村（社区）成立相关"一约四会"领导小组、机构等，制度上墙，配备专人负责和专门办公室，把"一约四会"的建立列入

绩效考核中，加强对"一约四会"工作人员和工作成效的监督。

（四）坚持一体化发展方向，着力推进融媒体建设

一是市级媒体融合取得了阶段性的成效。河池市结合实际，制定推进媒体融合发展的工作方案，把媒体深度融合作为一项重点创新工作来抓，切实加强对属地媒体融合发展的指导和统筹协调，为河池媒体深度融合，实现创新发展提供了有力保证。河池日报社、河池市广播电视台在媒体融合方面敢于创新探索，取得了显著成效。《河池日报》自 2016 年荣登"中国报业新媒体影响力排行榜"地市级党报百强后，2018 年又荣获"中国报业融合发展创新单位"，是广西获此殊荣的 4 家媒体单位之一。"革命老区信息精准服务平台"获"2018 中国传媒融合发展创新奖""2017—2018 年度中国报业新媒体项目创新奖"30 强。2018 年 2 月，在首届"创力量"广电融媒盛典暨轻快云平台上线三周年合作伙伴大会上，河池手机 TV 获得"最具品牌影响力手机台"称号。

二是县级融媒体建设推进加速。2018 年，宜州、天峨、东兰 3 个试点县已完成县级融媒体中心建设任务；2019 年，巴马、凤山、大化已挂牌成立县级融媒体中心，其他各县（区）均积极推进相关工作开展，2019 年 9 月底可实现县级融媒体中心全覆盖。宜州区融媒体中心由"广电云"负责信息采集传输，由"广西云"负责信息编辑处理，充分发挥"两朵云"的独特优势，共同服务宣传工作，较好地实现了"两朵云"运用的有机结合。

（五）坚持公益、基本、均等、便利原则，着力推进文化惠民工程，不断完善公共文化服务体系

一是戏曲进乡村不断扩大。河池市制定戏曲进乡村工作方案，戏曲进乡村覆盖面进一步扩大，戏曲演出场次和观众人数不断攀升。2018 年，

全市开展 296 场戏曲进乡村活动，惠及观众 20.45 万人次；举办了 36 场戏曲骨干培训班，惠及戏曲骨干 754 人次；全市戏曲团体数量达 87 个，传承代表人 89 位。

二是农村电影公益放映有序开展。各村一般都有数字放映队，配备数字电影放映设备，基本实现每村每月放映一场电影的公益服务目标。农村电影公映放映补贴标准为每场次 200 元。2018 年，全市完成农村公益性电影放映 18603 场次，完成任务的 103.56%，累计观众达 100 万人次。2019 年 1 月至 5 月全市完成农村公益性电影放映 7312 场次，完成全年放映任务的 40.70%，其中民族节目 2249 场，累计观众达 451249 人。

三是村级综合性文化服务中心建设逐步完善。全市基本按照一个文化广场、一栋文化活动综合楼、一个篮球场、一个戏台、一个宣传文化栏、一套文化器材、一套广播器材、一套体育设施器材、一支文艺队、一支体育队"十个一"内容来建设村级综合性文化服务中心。全市建成村级公共文化服务中心 104 个，组建篮球队 104 个、文艺队 104 个，农村群众的文化娱乐生活丰富多样，有效促进了"美丽河池"乡村建设。设有村（社区）公共文化专管员 1217 人，实现全员配备，文化专管员具有良好服务意识和履职能力。

四是农家书屋管理使用不断规范。2018 年，自治区下达河池市农家书屋出版物更新任务 1233 个，有图书 153 种共 189882 册、音像制品 1 种共 6165 张、杂志 1 种共 7398 册。各县已全部按时完成配送、分类、整理上架工作，额外完成所有农家书屋《习近平新时代中国特色社会主义思想三十讲》（两册）配送工作。2019 年，自治区下达河池市农家书屋出版物更新任务 1233 个。各行政村都统一制定了规章制度，所有的农家书屋都有"一卡、二牌、三上墙、四台账"，即一本借阅卡，农家书屋指示牌、对外开放公示牌，管理员岗位职责和农家书屋管理制度、借阅登记制度上墙，借阅登记、读者登记、读书需求登记和活动管理台账，以制度来管人、管事。另外，积极举办各种培训班，提升管理员的管理服务水平。

（六）强基础，推进广播电视传播手段建设和创新，智慧广电工程亮点突出

习近平总书记在党的十九大报告指出，要高度重视传播手段建设和创新，提高新闻舆论传播力、引导力、影响力、公信力。党中央作出了建设智慧中国、数字乡村的决策部署，自治区政府办公厅印发《"壮美广西·智慧广电"工程实施方案》。调研组对河池"壮美广西·智慧广电"工程建设、应急广播体系建设等广播电视事业产业发展内容也进行了调研。

截至 2019 年 10 月 31 日，河池市各区、县（市）已全部落实政府配套资金，大部分区、县（市）配套资金为 180～220 元/户，其中，南丹县按每户（贫困户或非贫困户）400 元全额配套。完成服务站建设 46 个，完成率为 67.60%（总任务数为 68 个）。完成乡镇机房建设 68 个，完成率为 170%（总任务数为 40 个）。完成智慧广电用户发展 1.6945 万户，占全年 6.23 万户用户发展任务的 27.20%（占调整后全年 9.12 万户用户发展任务的 18.58%）。各区、县（市）已全部制定了工程实施方案，全部成立了工程领导小组。

在"壮美广西·智慧广电"工程建设方面，河池市有两个亮点：一是凤山县成为自治区试点。该县高度重视，制定实施方案。2018 年 12 月 25 日启动数字广西"广电云"村村通户户用工程·数字凤山项目，计划投入 6000 多万元，项目已有用户 4560 户，预计 2019 年 10 月完成后有用户 15000 户以上。项目内容包括脱贫攻坚易地安置点和凤山县村村通户户用覆盖工程，也有"数字凤山·文化乡村"讲习所、政务服务、远程教育、远程医疗、"雪亮工程"社会治安视频管理、应急广播、智慧旅游、视频会议和城区公共空间扩容改造（电子围栏）等智慧应用。该项目的规模和智慧应用建设的内容均走在广西前列。二是河池广电网络分公司在通村光

缆建设中采取在中国移动等通信运营商的光缆线路上进行附挂的方式，极大地降低了光纤铺设成本，提高了光纤铺设速度，截至 2019 年 7 月 24 日，河池已完成光缆建设 2540.56 千米，其中附挂光缆 2433.97 千米，附挂比例为 95.8%。

二、存在的主要问题

河池市在宣传思想文化工作中取得了较好的成效，但也存在的一些问题和不足，主要表现在：

一是增强"四力"教育实践、推进习近平新时代中国特色社会主义思想深入人心的形式、方式不够灵活；社会主义核心价值观和群众性精神文明创建工作未能贯穿融入市社会发展各方面，推进工作的机制和方法有待具体化、精细化。

二是机构改革后体制机制没有理顺，职能配置有待优化。各县（区）机构改革中的人员配置进度不一，新设立科室与各县（区）的工作衔接不够顺畅。新闻出版（版权）职能从市文化广电体育和旅游局分离并入市委宣传部，但因市委宣传部编制和人员不足，影响了管理效果，广播电视行政部门也存在这种情况。机构改革后市文化广电体育和旅游局的广播电视技术人才缺乏，不利于广播电视基础设施规划建设和管理。县级融媒体中心建设也同样面临资金、技术、人才缺乏的问题。

三是文艺精品创作能力有待加强，缺少在全区、全国叫得响、有影响力的作品。

四是公共文化服务水平有待提高。农村电影公益放映补贴较少，放一场公益电影只有 200 元补贴，还停留在 2010 年的标准。部分放映车、放映机超期服役，老化破旧，没有得到及时维修或更换。

五是"壮美广西·智慧广电"工程建设时间紧、任务重、要求高，用户发展持续提速，但河池市缺乏资金、技术、人才，距离目标仍有较大差距。各级党委、政府对工程的支持力度有待加强。应急广播系统还没有发挥应有的作用，在平战结合、宣传党的方针政策和服务群众生产生活方面做得不够。

三、做好下一步工作的建议

（一）创新形式手段，继续抓好习近平新时代中国特色社会主义思想学习贯彻落实

以更丰富、更多样化的形式手段，继续深入推进习近平新时代中国特色社会主义思想学习贯彻落实，增强学习实效性。坚持在学懂弄通做实上下功夫，精心组织习近平新时代中国特色社会主义思想宣讲活动，组织好宣讲队伍，积极主动进企业、进学校、进机关、进社区、进军营、进网站进行宣讲，引导广大党员干部群众把思想和行动统一到党中央精神上来。认真做好"学习强国"平台的推广使用工作，推动党员干部即时、精准、灵活地学习党的创新理论。

（二）突出主责主线，继续加强和改进新闻舆论工作，不断巩固壮大主流思想舆论

一是抓好"走、转、改"活动。以深入开展"走基层、转作风、改文风"活动为主渠道，组织新闻记者深入基层、深入群众、深入一线，掌握第一手材料，用老百姓喜欢看、看得懂的语言，写出"接地气、冒热气"的报道，不断增强正面宣传的吸引力和感染力，实现正面宣传出新出彩、舆论引导坚强有力。

二是抓好重大主题宣传报道。大力宣传全市各级各部门用习近平新时代中国特色社会主义思想和党的十九大精神武装头脑、指导实践、推动工

作的新实践、新举措、新成效，精心做好习近平总书记"建设壮美广西
共圆复兴梦想"重要题词的宣传报道。围绕党中央、自治区的决策部署中
心工作，突出抓好"六大行动"攻坚年的宣传报道，精心谋篇布局，周密
组织实施，蹄疾步稳推进，做到舆论宣传主题突出、基调昂扬、特色鲜
明、气氛热烈，把全市各族儿女的士气鼓舞起来、精神振奋起来、干劲调
动起来。

三是认真落实意识形态工作责任制，坚持高标准、严要求，深入扎实
做好广播电视、网络视听节目和新闻报刊等的播、发等审核和把关工作，
严格执行广播电视和网络视听节目的播前三级审查、重播重审和报刊三审
三校制度，确保广播电视和网络视听节目及报刊导向正确、内容安全；全
力做好广播电视安全播出、安全传输保障工作，加强值守和检查工作，排
除事故隐患，落实各项保障措施，确保广播电视播出安全和传输安全。

**（三）用好平台载体，继续加强社会主义核心价值观建设和群众性
精神文明创建，大力培养担当富民强市大任的时代新人**

一是持续加强社会主义核心价值观宣传教育。全力抓好社会主义核心
价值观融入全市的公共场所、窗口单位、企业、机关、学校、社区、乡村
和网络空间，切实推动社会主义核心价值观贯穿融入社会发展各方面。着
力开展首批社会主义核心价值观建设示范点申报工作，以点带面推动核心
价值观日常化、具体化、形象化、生活化，开展形式多样的主题教育实践
活动，让人们喜闻乐见、易记易行，让核心价值观在全社会得到广泛
弘扬。

二是持续加强群众性精神文明创建工作。深入实施公民道德建设工
程，重视选树、宣传身边好人、最美人物等先进典型，用身边事教育身边
人。积极开展优化营商环境大行动，着力加强和扎实推进社会诚信建设，
不断提升社会诚信水平。以新时代文明实践中心和新时代讲习所为载体，

推动思想政治工作制度化、常态化，解决好"谁来做""怎么做"的问题。

三是加强和改进新时代未成年人思想道德建设。开展"扣好人生第一粒扣子"主题教育实践、"新时代好少年"学习宣传、"传承红色基因"社会实践等活动，丰富全市未成年人思想道德教育内容。

四是加大民族语广播电视节目扶持力度。民族语广播电视节目扎根本土、反映当地群众生产生活和风土民情，用当地语言播出，贴近群众、贴近生活，深受群众喜爱，在宣传党的大政方针、宣传民族宗教政策、丰富群众精神文化生活、抵御境外敌对势力和宗教势力渗透方面有独特优势。河池作为民族地区，应加大人力和财力投入，大力扶持和发展民族语广播电视节目，丰富民族语节目内容，提升民族语节目水平，扩大民族语节目影响。

（四）提高服务水平，继续扎实推进文化惠民，更好满足全市各族人民精神文化生活新期待

一是大力推进公共文化服务体系建设。下大力气解决文化发展不平衡不充分的矛盾，大力扶持城镇数字影院建设，扶持农村公益电影，开展电影放映市场专项治理，加强农村公共文化产品供给，打造一批群众喜闻乐见的文化惠民活动品牌。加强"扫黄打非"专项治理，加强书号刊号版号管理，净化印刷业、出版物市场，深入实施软件正版化工作。

二是强化文艺精品创作、生产和供给。加大扶持力度，扎实开展"深入生活、扎根人民"主题实践活动，更好地发挥公共文化服务中心的功能和作用，加大政府购买服务力度，支持各级文艺院团、文艺队伍深入基层开展经常性的文化惠民演出，让群众在家门口感受到实实在在的文化获得感；坚持以人民为中心的创作导向，充分利用市文化、旅游、广电三局合一的优势，利用河池革命老区丰厚的红色文化资源、旅游资源、历史文化和民族文化资源，加大文学、电影、电视剧、纪录片、动画片、广播剧、网络视听节目的创作生产扶持，为广大群众提供丰富多样、健康向上的精神文化产品。

（五）夯实队伍建设，继续深化"四力"教育实践工作，全面提升宣传文化队伍的工作效率和质量水平

切实增强"四力"教育实践工作，科学认识"四力"的深刻内涵和相互关系，坚定不断增强"四力"的思想自觉、行动自觉，打造一支政治过硬、本领高强、求实创新、能打胜仗的宣传思想工作队伍。配强配齐宣传思想文化干部队伍，特别是要根据广播电视工作的特殊性质，配强配优广播电视管理干部，建立良好的人才引进、培养和激励机制，积极引进和留住优秀的采、编、播人才，不断提升宣传工作水平，充分发挥广播电视台和融媒体中心在宣传工作中的引领作用和主流媒体地位。结合"两学一做"学习教育常态化制度化，精心组织"不忘初心、牢记使命"主题教育，切实抓好增强"四力"全员大培训。

（六）加大支持力度，继续推进"壮美广西·智慧广电"工程建设

"壮美广西·智慧广电"工程是落实党的十九大精神和党中央决策部署的重要举措，已列入 2019 年的政府工作报告，时间紧、任务重、要求高。建议各级党委、政府在加强组织领导、落实工作责任、加强政策扶持、加强队伍建设、加强示范引导等方面给予保障，对贫困地区较多的河池市给予政策倾斜，全面推进"壮美广西·智慧广电"工程建设。各地积极动员基层力量全面参与，全力以赴抓好进村入户专项行动，抓好宣传发动、督导和考核问责工作，做好试点建设，充实智慧广电应用，丰富智慧广电内容，提升智慧广电服务。

以举办中国—东盟电视周为平台
探索广西广播电视国际传播发展新路径

课题负责人：李承武

责任人：陆正宁　吉　燕　李华毅　肖汶瑾

2019 年是中国—东盟媒体交流年。习近平主席向中国—东盟媒体交流年开幕式致贺信时指出，媒体作为开展交流合作、促进民心相通的桥梁，可以为中国—东盟关系发展发挥更大作用。希望双方媒体做友好交往的传播者、务实合作的推动者、和谐共处的守望者，讲好共促和平、共谋发展的故事，为共建更为紧密的中国—东盟命运共同体作出更大贡献。

为贯彻落实习近平主席贺信精神，自治区广电局抓住中国—东盟媒体交流年契机，提出打造中国—东盟电视周平台的建议，充分发挥广西与东盟地缘相近、人文相通、利益相融的优势，主动融入国家区域发展战略，进一步推动和深化中国—东盟媒体合作，探索广西广播电视国际传播发展新路径。

一、中国—东盟电视周成功举办的基础条件

（一）优质的广西广播电视和网络视听精品为"走出去"打下坚实基础

一是创作广西广播电视和网络视听精品。广西大力实施"广西广播电视精品创作工程"，创作出反映"一带一路"题材的电视剧《沧海丝路》和"一带一路"背景下中国与东盟国家经济人文交融的电视剧《朱槿花开》；扶持打造展现北部湾文化的童话故事网络动画片《海上丝路之南珠宝宝》；打造广西原创作品《白头叶猴之嘉猴壮壮》，该片于 2018 年 2 月被商务部、宣传部、财政部、文化部、原国家新闻出版广电总局授予"2017—2018 年度国家文化出口重点项目"，并作为缅甸《中国动漫》栏目的首播电视剧与缅甸观众见面。

二是中外共同策划、联合拍摄优秀作品。2012 年以来，原广西电视台联合东盟国家主流媒体制作了一批具有一定影响力的纪录片：与泰国制作团队联合制作纪录片《家在青山绿水间》《暹罗追鸟》；与老挝合拍纪录片《光阴的故事》献礼中老建交 55 周年，荣获习近平主席和老挝人民革命党中央委员会总书记本扬称赞；与柬埔寨合拍《家在青山绿水间——信任如树》在两国同步播出，柬埔寨国家电视台专门致函中宣部，感谢中方为促进两国民心相通所作出的贡献；与越南合拍《光阴的故事——中越情谊》《方舟——东黑冠长臂猿》，在两国关系的重大节点成功播出。

（二）多样的政策支持为广西广播电视"走出去"提供扶持保障

一是签订《关于加快广西广播电视发展的合作框架协议》。2019 年 7 月，国家广播电视总局与自治区人民政府签署了合作框架协议，双方将深入落实党中央、国务院关于实施文化强国的战略，共同举办中国—东盟电

视周，共同推进中国—东盟网络视听产业基地建设，给予基地面向东盟的知名网络视听企业引进与合作、视听节目引进与输出、视听媒体人才培养等方面的倾斜性政策，打造立足广西、影响周边、辐射东盟的国际性网络视听产业基地。

二是设立广西广播电视"走出去"扶持资金，并制定《广西新闻出版广播影视"走出去"扶持资金管理办法》。广西新闻出版广播影视"走出去"扶持资金的前身是广西出版对外贸易奖，2014年自治区广播电影电视局与自治区新闻出版局合并后设立广西新闻出版广播影视"走出去"扶持资金。机构改革之后，广西新闻出版广播影视"走出去"扶持资金改为广西广播电视"走出去"扶持资金，每年申请预算。扶持总额为150万元，用于扶持有潜力、有国际传播影响力的"走出去"项目。

（三）成熟的平台和渠道为中国—东盟媒体交流合作搭建桥梁纽带

一是建设中国—东盟网络视听产业基地。基地项目规划建设网络视听产业孵化平台、东盟国家小语种数据平台、中国—东盟广播电视节目技术发展中心、智慧广电公共服务中心、广西广电融合媒体云平台大数据中心、数字广西"广电云"村村通户户用工程指挥及技术保障中心、广西广电网络研发中心、"一带一路"东盟版权服务中心等配套项目，未来将打造为"面向东盟的网络影视新丝路"的信息枢纽、核心平台和重要门户。2019年9月20日，中国—东盟网络视听产业基地正式揭牌，并在首届中国—东盟电视周期间，承办了中国—东盟媒体合作成果展和2019中国—东盟广播电视及新媒体论坛等活动。

二是广播节目落地东盟国家。原广西人民广播电台与中国国际广播电台联合打造中国首家区域性国际广播频率"北部湾之声"，2014年以来，北部湾之声先后在泰国、越南、柬埔寨、老挝等东盟国家联合开设频率或栏目，对外传播中国声音。同时，还打造了采用汉、英、越、泰、缅等语言发布的中国首个东盟语种信息播报平台"北部湾在线"网站。

三是对外输出译制节目。2014年以来，原广西人民广播电台先后在柬埔寨国家电视台、老挝国家电视台、缅甸国家广播电视台、越南之声数字电视台开设《中国剧场》《中国动漫》《中国电视剧》等栏目，每年播出中国优秀电视剧和动漫片近千集。广西网络广播电视台成立后，组建了东南亚译制传播交流中心，专门负责电视剧的译制与输出，并在柬埔寨、老挝、缅甸、泰国、越南等5个东盟国家建立工作站、译制站，常年派员赴对象国与对方共同开展译制工作。2018年起，广西网络广播电视台在泰国、印度尼西亚、越南开办固定电视纪录片栏目《多彩中国》，中国优秀纪录片首次以完整栏目形式落地东盟主流电视媒体。广西网络广播电视节目通过在对象国国家电视台主流频道播出，实现借筒传声的精准传播。

四是打造面向东南亚的新媒体平台"华丽播"网络视听节目专区。"华丽播"以东盟各国新媒体平台作为重点落地目标，通过整合网络视听新媒体资源，汇聚国内优秀节目等方式，与东盟国家的互联网企业、电视媒体深入合作，丰富了我国网络视听新媒体在境外的内容落地模式。截至2019年1月8日，"华丽播"已汇聚国内影视剧、电竞、动漫、综艺等近2000个小时的内容，这些优秀内容已被翻译成英文以及东盟国家当地语言，陆续进入东盟各国。

（四）知名的广西对外文化交流品牌为传播中国声音打响知名度

一是举办"同唱友谊歌"中越歌曲演唱大赛。原广西人民广播电台于2005年发起的"同唱友谊歌"中越歌曲演唱大赛，目前已经成功举办12届，通过"中国人唱越南歌、越南人唱中国歌"的方式，在中越两国民众之间架起了一座增进友谊的"音乐桥"。

二是打造"同一个月亮　共一片爱心"——中秋跨国友谊活动。2011年起，"同一个月亮　共一片爱心"——中秋跨国友谊活动每年在柬埔寨、老挝、泰国、缅甸、越南等东盟国家举办，目前已经成功举办了七届，成为中国广西和东盟国家在中秋节前夕举办的重要民间友好交流活动。

三是举办《春天的旋律》跨国春晚。2007 年起，原南宁电视台承办的《春天的旋律》跨国春节晚会，与东盟各个国家和地区具有较高影响力的媒体合作，已经连续举办了 12 届，收视率和市场份额逐年增长，知名度越来越高，连续两年入选国家广电总局的"丝绸之路影视桥"工程，不断扩大广西广播电视的影响力。

二、举办中国—东盟电视周的成功经验

首届中国—东盟电视周于 2019 年 9 月 18 日至 24 日在南宁成功举办，通过举办开幕式暨中国—东盟影视金曲盛典、中国—东盟优秀电视片展播活动、中国—东盟媒体合作成果展、2019 中国—东盟广播电视及新媒体论坛、第 16 届中国—东盟博览会开幕大会中国—东盟媒体交流年主题特设环节、中国—东盟网络视听产业基地揭牌等 6 场主要活动，得到了各级领导和中外嘉宾的一致肯定，成为广西广播电视"走出去""引进来"搭建平台、拓展渠道的成功案例。

（一）首届中国—东盟电视周筹备的主要做法和经验

一是领导高度重视，组织协调有序。首届中国—东盟电视周得到了国家广电总局以及自治区党委、政府的高度重视，成立了以国家广电总局和自治区人民政府主要领导挂帅的中国—东盟电视周组委会，主要领导亲自部署亲自督办。上级领导和部门的关心支持，为电视周活动的成功举办奠定了基础。为了加强筹备工作的组织实施，中国—东盟电视周组委会秘书处成立，作为中国—东盟电视周的常设工作机构设立在自治区广电局。在自治区广电局领导的带领下，电视周组委会秘书处精心谋划、周密部署，

全面推进电视周各项筹备工作的开展，为电视周的成功举办提供了组织保障。

二是全系统、全行业密切协作，形成办好电视周的合力。自治区广电局充分发挥牵头单位作用，在资金、人员等方面倾力投入，为电视周的成功举办提供坚实的保障。广西网络广播电视台发挥媒体优势，既承办了具体的活动，也配合承担了嘉宾邀约和接待工作，同时给予人力、物力上的支持。广西广电网络公司全力开展广西新媒体中心大楼的内部装修和布场工作，完善广西新媒体中心各项基础设施，为电视周众多活动的举办提供了场地、设备的保障。其他各协办单位听从指挥，各司其职，分工负责，协同配合，使电视周筹备工作得以顺利进行。

三是发挥广电行业优势，大力宣传推广，提高电视周的知名度和影响力。电视周组委会秘书处充分利用现有广播电视及新媒体资源，将传统纸媒、广播、电视与新媒体技术创新结合，强化广播电视及新媒体的宣传和发行，聚集国家广电总局、兄弟省（市）局、国内外主流媒体力量，抓住电视周活动前、中、后三个重点时段大力宣传推广，不断扩大中国—东盟电视周活动的影响力和覆盖面。

（二）首届中国—东盟电视周的成果和亮点

一是活动规格高，嘉宾构成丰富。参加活动的嘉宾具有较强的行业代表性，有东盟国家的国家级媒体负责人、主流网络媒体高管，也有国内中央级媒体、各省广播电视台的负责人，以及爱奇艺、华为、阿里云等知名互联网企业的高管，其中来自中国及东盟国家的部级领导10人、国内厅级领导30多人。嘉宾来自国内22个省、市、自治区和香港特别行政区，除了文莱之外的9个东盟国家都有嘉宾参加，是嘉宾覆盖面最全、最广的一次活动。

二是活动成果丰硕，平台初步搭建。中国—东盟广播电视及新媒体论坛将学术讨论与商业发展相融合，邀请了约 80 家中国企业、约 30 家东盟国家企业参加，通过举行 6 个项目的签约仪式和 135 场次的一对一商务洽谈会，达成了包括媒体合作、节目合拍合制、版权交易、技术交流等多个方面的共识，洽谈合作金额达 5000 万元以上，初步搭建起中国—东盟媒体产业合作的交流平台。

三是活动宣传有力，传播效果明显。活动期间共发出相关报道反馈 156 篇次。其中，中央广播电视总台分别在《新闻联播》和《新闻直播间》对电视周系列活动相关内容进行了两次报道，极大地提高了电视周的知晓率。

三、进一步办好中国—东盟电视周系列活动的对策建议

一是完善组织机构，建立高效工作机制。根据电视周活动要求，在现有的组委会框架下充实调整主办、承办单位，加强与国家广电总局沟通联系，进一步争取将中国—东盟电视周秘书处作为电视周承办单位，为电视周举办发挥协调东盟国家的作用。因电视周将每年在中国和东盟国家轮流举办，为达到把电视周打造成高端、互动、专业、可持续性强的品牌平台的目标，建议在自治区广电局内设机构中单设对外交流合作处或成立有独立编制的对外交流中心作为直属事业单位，与国家广电总局相关部门对应，便于建立高效的工作机制，对接开展工作。

二是将电视周纳入中国—东盟博览会框架。建议今后在一年一度的中国—东盟博览会上固定开设电视周展区，展示中国—东盟媒体交流合作成果，作为中国—东盟博会内容的有益补充，进一步展现中国与东盟国家文化交融、民心相通的交流成果，拉近中国与东盟国家的人文关系。

三是加强广播电视和网络视听精品创作生产。依托区内优势出口企业，加强精品创作，深化局、台、网及企业的合作，彼此多沟通多交流，

通过政府搭台推动，企业努力推进，共同谋求"走出去"的道路。

四是培育专业团队，提升活动筹办水平。在现有的基础上，以中国—东盟网络视听产业基地为依托，整合广西广电行业对外合作交流资源，打造广西广电对外交流合作的市场主体，建立专业化、国际化的会展服务团队，承接电视周活动筹办项目，提高对外交流政策水平和应对水平，更好地服务于区域国际媒体交流、文化交流。

推进"人工智能＋政务服务" 打造智慧广电服务窗口

课题负责人：李承武
责任人：古里平 董国正

当前，人工智能作为引领新一轮科技革命和产业变革的战略性技术，在社会生活各个领域得到了广泛的应用，促进了经济、社会的不断发展。在政务服务领域，引入人工智能将对缓解政务服务人力不足、提升政务服务质量和工作效率、整合并高效利用政务资源等方面具有巨大促进作用。由此可见，人工智能进入政务服务领域是"互联网＋政务服务"的自然选择，也是政府信息化建设的必然趋势。

2019 年以来，自治区广电局以实施"壮美广西·智慧广电"工程为载体，努力探索政务服务"联姻"人工智能，为政务服务植入人工智能这个"芯片"，借助人工智能机器人"智慧小电"，通过语音交互、人机交互的智能方式实现办事查询、业务办理、行业宣传、窗口指引等多项政务服务，为办事群众带来全新的智能政务体验，打造"人工智能＋互联网＋政务服务"的智慧政务窗口。

一、自治区广电局政务服务基本情况

（一）机构改革和权责清单动态调整后，政务服务事项和审批数量大幅减少

2018 年全区机构改革后，新闻出版和电影行政管理职能划转到自治区党委宣传部，自治区广电局权责清单的政务服务事项由 105 项调整为 33 项，受理、办结行政审批数量由原来的一年 11000 余件变为 100 多件，且 95％以上的行政审批事项为广播电视节目制作经营单位设立审批。

（二）机构改革后人员编制大幅缩减，政务服务窗口工作人员安排相对紧张

原自治区新闻出版广电局共有编制 117 名，设有专门的行政审批办公室，相应配备专门的处级领导职数和人员。此轮机构改革后，自治区广电局编制大幅缩减至 50 名，不再单设行政审批办公室，而是将政策法规处加挂行政审批办公室的牌子，相当于将政策法规处、改革办公室、行政审批办公室 3 个处合并，仅保留 4 名编制，配备一正一副处级领导职数，对应行政审批职能不再配备专门的处级领导职数。单独设置政务服务窗口，在人员安排上确有困难。

（三）全区商事制度改革以来，广播影视行业"准入不准营"的问题依然存在

全区开展商事制度改革以来，广播影视行政审批虽然取消了最低注册资本限制和中介代理服务，降低了市场准入门槛，但"证照分离"改革不够充分、"办照容易办证难"、"准入不准营"的问题依然存在，市场主体的活力没有被有效激活，广播影视产业发展相对落后的现状没有得到有效改变。

（四）聚焦群众办事反映强烈的痛点、难点，推动政务服务人性化、智能化

深入推行行政审批"马上办、网上办、就近办、一次办""容缺受理""证照分离""减证便民"等政务服务改革方式，打造零距离服务、无障碍发展的营商环境，真正做到让办事群众只跑一次就可以办成事项，打通服务群众的"最后一公里"。2019 年 1—10 月，自治区广电局政务服务窗口共受理、办结行政审批事项 82 件，事项办结率 100％，群众满意率 100％，没有政务服务投诉。

二、自治区广电局"人工智能＋政务"建设情况

2017 年，李克强总理在《政府工作报告》中首次提到人工智能。2017 年 4 月，杭州市市场监管局通过"机器换人"实现企业名称网上自主申报、系统自动核准。2017 年 10 月，广州市工商局正式上线全程电子化商事登记系统，全国首创机器人审批商事登记、刷脸办照。杭州和广州两地，将人工智能应用于政务服务，为企业和民众办事提供便捷、高效服务。2019 年以来，自治区广电局积极探索人工智能和政务服务的深度融合，定制打造人工智能政务服务机器人"智慧小电"，窗口人工服务与机器人智能服务相结合，更好满足办事群众的服务需求，让营商环境再升级、审批服务再提速。

（一）缓解政务服务"事多人少"问题，提升了服务质量和工作效率

人工智能以数倍于人力的效率实现申请材料、电子证照、审批文件等的流转以及办事过程数据的传递，提升政务服务的整体效能。人工智能政务服务机器人"智慧小电"通过语音交互、人机交互的方式轻松实现办事

查询、业务办理、行业宣传、窗口指引等多项政务服务，可以有效缓解与改善政务窗口工作人员不足的局限，能让政务工作人员腾出更多时间和精力，处理政务服务标准化建设和政务数据公开共享等核心政务工作，实现科学有效分工。

（二）拓展政务服务交互渠道，政务服务变得更聪明、更有温度

人工智能政务服务机器人"智慧小电"应用于政务服务是自治区广电局全区率先、全国领先利用智能机器人进行政务服务的创新之举。在传统的政务服务过程中，政务服务部门与办事群众之间的交互渠道较为僵化狭窄，不利于实现双方的良性互动，但人工智能政务服务机器人由于具备拟人化的交互能力，因此能与办事群众进行更好的互动。人工智能政务服务机器人"智慧小电"高度整合了人脸识别、语音识别、智能问答、行政审批等多项人工智能技术，让服务办事群众的通道从传统的办事窗口变成一块小小的电子屏幕，使政务服务不再严肃，办事群众动动手指、聊聊天就能办成事，感受全新的智能政务体验。政务服务在充满科技感的同时，更聪明、更有温度。

（三）政务服务信息个性化定制推送，实现政务服务无纸化审批服务

办事群众到自治区广电局政务服务窗口办理事项时，通过扫描仪将申请材料传输到人工智能政务服务机器人"智慧小电"的微信小程序中，"智慧小电"在个人身份认证基础之上将自动建立虚拟政务服务，让用户随时随地了解办事进程，并实现智能交互沟通，实现无纸化审批服务。同时，结合"证照分离"改革等个性化设置，"智慧小电"自动将与办事有关的信息和服务推送到申请人微信，从而为用户提供个性化、主动推送式的智能服务。

（四）再造优化智能行政审批流程，推进行政审批流程和监督管理的转变

为进一步优化营商环境，激发市场活力，自治区广电局主动担当、先行先试，对自治区本级可以决定的"证照分离"改革事项进行"个性化扩容增量"。比如企业常办的"广播电视节目制作经营单位设立审批"行政许可事项，法定办结时限需要 20 个工作日，实施智能化审批改革试点后，当场即可办结，办事群众在 3 个工作日内就能收到免费邮寄送达的许可证照，办理速度比全国平均时间快 10 个工作日左右。降低市场准入门槛后更需要强化监督管理，为确保通过智能化审批改革取得审批结果的企业能依法依规经营，自治区广电局通过完善信用约束、信用监管机制，实现"得信赢，失信输"和"审批更简、监管更严、服务更优"的服务和监管。对于不守信、不合法的经营企业，依法严肃坚决给予撤销行政许可决定，列入企业失信黑名单并向社会公布。

（五）人工智能审批推动"最多跑一次""不见面审批"的政务服务模式

人工智能政务服务机器人解决了传统行政审批凭经验、靠感觉、标准模糊等问题，有效地避免了人为因素的影响，让审批工作更加公开、廉洁、高效。办事群众到广电部门办理部分行政审批事项，通过人工智能机器人提交符合法定条件的申请材料时，不用排队，可即时打印具有二维码的审批结果通知书，坐在家中即可收到快递送达的许可证照，真正实现"最多只跑一次""不见面、马上办"的审批服务模式，让企业和群众在共享人工智能发展成果上有更多获得感。

三、自治区广电局"人工智能＋政务服务"面临的困难和问题

（一）政务数据共享难度大，智能化政务服务受到限制

人工智能技术发展离不开互联网、大数据支持。目前，政府各部门间信息资源无法实现共享，政务数据"烟囱""信息孤岛"问题难以解决，办事群众反复提交材料、往返跑腿现象普遍存在，人工智能得以运用并发挥效能的现实环境尚未完全成熟。自治区广电局的人工智能政务服务机器人因无法与公安、大数据、市场监管等部门的政务数据对接、共享，暂不能实现人脸智能识别、身份核验、数据回传等功能，限制了智能化政务服务的发挥。

（二）数据安全与隐私存在隐患，人工智能技术不成熟

首先，在对政务信息进行采集和云端存储的过程中，系统会集中大量的个人信息，如果工作程序或者网络环境缺乏安全保障，这些信息遭到非法使用，将会产生隐私泄漏问题。其次，政府部门政务资源都是通过网络和大数据进行整合传递，数据资源在整合过程中也面临着泄密的危险。随着人工智能技术的不断发展，可能遇到的数据安全和隐私泄露问题正变得日益突出。

四、自治区广电局"人工智能＋政务服务"发展建议

（一）立足服务本质，循序渐进应用智能技术

"人工智能＋政务服务"的核心是政务服务，"人工智能＋"只是手段、方式。要避免将智能互动、智能客服等技术能力提升，作为改革创新

的"重头戏"，要结合政务服务的工作实际和具体政务场景，进行技术提升，真正让人工智能与政务服务应用融合程度日益深入，智慧服务深入人心。

（二）围绕人本服务，持续优化政务服务流程

"人工智能＋政务服务"要以办事群众的满意度和获得感为目标，进一步优化业务流程，提升政务服务体验，让企业和群众在共享人工智能发展成果上有更多获得感。积极探索"信任在先、事后严管"的全流程智能办事监管模式，在为市场主体添活力、为办事群众增便利的同时，让越来越多的群众为智能化的政务服务点赞叫好。

（三）保证数据安全，防范化解智能化风险

在发展"人工智能＋政务服务"的过程中，一是要避免对公民个人信息的过度收集，不能让个人隐私信息保护让步于以监管便利性为由的政务管理。二是要加强网络安全保障和个人数据保护，对于人工智能所采集的人脸信息、生物信息等基础数据，要避免因不同技术服务商的更换而流失或泄露。三是以效能、包容、问责、可信赖和开放性为原则，指导智能技术与政务治理、政务服务的结合，提前防范化解数据泄漏风险。

经过一年多的探索与发展，自治区广电局"人工智能＋政务服务"的智慧政务窗口建设已初见成效，人工智能政务服务机器人"智慧小电"成为广西智慧政务创新的生动样本。目前，人工智能政务服务机器人"智慧小电"还处在实习考察阶段，随着办事群众与智能机器人的深度交互，将不断充实云端数据，使"智慧小电"的表现越来越高效、智能，逐步成长为无所不知、无所不晓的"优秀员工"，争当智慧政务的新典范，争当优化营商环境的"排头兵"。

广西广播电视精品生产存在问题及对策研究

课题负责人：朱为范

责任人：薛山明　杨　玲

当前，我国广播电视传统媒体正面临新媒体的严峻挑战，广电媒体的传输渠道、内容生产模式和受众的视听习惯、模式都发生了很大变化，各种视听产品和视听工具的出现，让广播电视传统媒体面临巨大的发展危机。广西属于经济欠发达地区，广播电视精品生产本来与发达省区就存在较大差距，在新媒体挑战的当下，广西广播电视传统媒体所遇到的发展危机愈加明显。适逢新一轮机构改革刚刚完成，广电职能管理部门人员编制和广播电视精品扶持资金有所减少，如何让广西广播电视精品生产从困境中突围出来，如何进一步发展广西广播电视精品生产，是我们当下必须要面对的现实问题。因此，我们要对广西广播电视精品生产现状有一个清晰的认识，对今后的发展研究提出相应的对策。

一、广西广播电视精品生产现状

（一）广西广播电视制作机构情况

广西广播电视制作机构对广播电视精品生产起着举足轻重的作用，它

的数量很大程度上决定着广播电视精品生产的数量和质量。截至 2019 年
10 月，在自治区广电局登记在册的广播电视制作机构有 259 家，摄制过电
视剧、电视动画片的制作机构只有 20 多家，占广播电视制作机构总数的
10％左右。广播剧属于非营利性宣传产品，广播剧的制作机构主要以广西
国有广播电视台为主，其他民营影视公司极少涉及。目前，广西广播电视
制作机构制作水平良莠不齐，多而不精，多而不强，产业规模化、集约化
程度低，"小散滥"等问题比较突出，产业链条完整、可持续发展能力强、
有核心竞争力的龙头机构凤毛麟角。

（二）广西广播电视精品创作生产情况

电视剧方面：广西每年摄制的电视剧数量在全国处于中等位置，上下
有所浮动。2018 年处于中等偏上位置，广西摄制的电视剧质量较好，摄
制完成的电视剧 80％能够播出（全国平均有 40％左右的电视剧不能及时
播出）。广西平均每年摄制完成电视剧 2～8 部，大部分由广西广播电视
台、广西电影集团有限公司和南宁广播电视台等国有制作单位摄制，民营
公司只有几家摄制过电视剧，广西摄制的电视剧虽然数量不多，但质量达
到中上水平，普遍能在全国各省市电视台播出。以 2018 年为例，广西共
摄制完成电视剧 7 部 288 集，其中，电视剧《北部湾人家》《沧海丝路》
均在中央广播电视总台播出，电视剧《北部湾人家》2018 年 12 月在中央
广播电视总台黄金时段播出，并获得央视主流媒体和国家广电总局领导的
好评。电视剧《追风行动》《觉醒》《朱槿花开》均在各省市电视台播出并
获得较好的收视效果。电视剧《寄宿学校之六少年》在网上播出。2018
年，广西电视剧的播出率达到了 100％，比全国 60％的播出率高出将近 1
倍。虽然 2018 年广西电视剧取得了不俗的成绩，但经济效益和社会效益
双赢的电视剧不多，《北部湾人家》《沧海丝路》这些为配合重要节点而推
出的电视剧市场收益不高，节点过后难以热播。电视剧属于市场运作产

品，随着电视剧题材和播出方面限制规定的相继出台，明星税收政策的紧缩，播出平台的饱和，加上电视剧投资风险大，2019 年以来，制作机构和明星对电视剧摄制持观望态度的较多，明星签约难，社会融资难，很多电视剧因此没能如期摄制完成。

广西能在央视或全国省级电视台热播的电视剧大多是与发达省区知名影视公司合作摄制的，主要摄制经费有的来自政府扶持，有的来自外省控股，有的是制作机构自筹。近几年，自治区党委、政府非常重视电视剧的创作生产，为了迎接自治区成立 60 周年，自治区党委、政府和自治区广电局对电视剧的扶持力度之大前所未有，如《冯子材》《沧海丝路》《北部湾人家》等献礼剧均得到大力扶持，这些电视剧均获得国家广电总局的肯定，社会效益良好，但市场收益还是不足。由于种种原因，电视剧《冯子材》制作完成后将近 3 年还在央视等候排播，导致摄制资金回收迟缓，也影响新剧的运作。2019 年机构改革后，制作机构人员变动，另外，自治区党委、政府对电视剧的扶持资金也比往年减少，制作机构资金落实较难，2019 年广西摄制电视剧的进度有所减缓。

电视动画片方面：广西电视动画片制作完成量在西部地区名列前茅，平均每年制作完成的电视动画片 3～10 部，动画片质量水平与电视剧差不多，也处于全国中等偏上水平，播出率尚好。广西电视动画片起点其实还比较高，1998 年由广西接力天高动漫影视传媒公司与长春蒲公英动画制作中心联合制作的电视动画片《神脑聪仔》一炮而红，该片获得了中宣部"五个一工程"奖，但该片的主要投资和制作班底不是广西的，按照谁出钱谁发行的原则，发行商在发行时只标注发行单位，广西制作方名字被略去，加上当时广西不太注重自我宣传，因此，观众对广西电视动画片的制作没有留下较深印象。后来广西又制作了电视动画片《小小律师》，该片是广西接力出版社与上海接力文化发展有限公司联合制作的，虽然是在广西立项，由自治区广电局审查并核发电视发行许可证，但由于合作方是发行方，也很少人知道这是广西制作的电视动画片。

广西电视动画片 2000—2010 年平均每年的制作完成量 1—4 部，数量虽不多，但质量还可以，基本都能播出，2010 年至今广西电视动画片生产数量逐渐增多，但质量水平上升却不明显。庆幸的是，广西本土动画制作机构已逐渐进入了轨道。以 2019 年为例，截至 2019 年 12 月，广西备案立项获国家广电总局公示的电视动画片共 10 部 175 集 1679 分钟，经自治区广电局审查并获得发行许可证的电视动画片共 10 部 192 集 1346 分钟，发行量排名全国第 8 名，这些获准发行的片子均能播出。其中，广西原创电视动画片《那世纪》《喀斯特神奇之旅》先后在广西广播电视台和央视首播，并获得良好反响，电视动画片《海豚帮帮号》《豆乐儿歌》在网上热播后陆续在省级电视台播出。电视动画片《海豚帮帮号》第一季还获得国家广电总局优秀国产电视动画片季度推优。截至 2019 年 12 月，广西电视动画片制作完成量比上年同期增长 2 倍。除国有制作机构广西广播电视台，制作水平和完成量较高的还有广西千年传说影视传媒股份有限公司、南宁峰值文化传播有限公司、广西临届数字科技有限公司、广西中视嘉猴影视传媒投资有限公司、广西卡斯特动漫有限公司、桂林坤鹤文化传播有限公司等民营动画制作机构，这些机构均在不同的动画领域中各显身手，民营动画制作机构的成长，形成了国有和民营制作机构齐头并进、你追我赶的良好生产局面。广西电视动画的制作潜力已逐渐显现，但广西各市广播电视台由于资金的缺乏依旧很少涉及电视动画片制作，除了几家规模较大的民营电视动画制作机构外，其他动画制作机构主要以制作动画广告片、宣传片和短视频等作品居多。广西电视动画片还存在作品题材不够多样，创意不足，故事性、趣味性不够，老少咸宜的作品不多等问题。

电视纪录片方面：电视纪录片不属于自治区广电局行政审批项目，除了重大革命历史和特殊题材电视纪录片须经自治区广电局初审报中宣部和国家广电总局审查外，各级广播电视台拥有对普通纪录片的播出审查权。

广西电视纪录片在全国有一定的知名度，是广西电视文艺的夺奖主力。2018年，广西与越南合拍的纪录片《光阴的故事——中越情谊》获中国新闻奖国际传播奖三等奖，纪录片《萤火虫》入选国家广电总局2018年第一批优秀国产纪录片目录。

目前，各级电视台纪录片自办栏目逐年增加，2018年全区纪录片开办栏目共54个，其中，广西网络广播电视台有10个纪录片栏目，各市台共23个，各县级台19个；但仍有两个市台没有安排播出纪录片，也没有纪录片栏目。广西电视纪录片播出情况良好，以2018年为例，2018年全区纪录片播出总量951部20700集，总时长734160.85分钟；2018年全区首播纪录片总量221部2856集，总时长76740分钟；2018年全区播出国产纪录片总量834部14835集，总时长488455分钟；2018年全区播出进口纪录片总量22部1118集，总时长76177分钟。机构改革后，纪录片的创作生产受到一定的影响，有的电视台把原有的纪录片创作工作室撤销，到目前为止，广西各级电视台均未开设电视纪录片频道。虽然广西电视纪录片创作近年来取得较好的成绩，但还存在精品不多、专业人才匮乏、创作生产模式单一、创新创意不足等问题，各自为战模式较多，合作和整体策划还不够。

广播剧方面：广播剧不属于自治区广电局行政审批项目，生产和播出不需经过自治区广电局行政审批，均由区市各台自产自播，归口区市宣传部管理。广西平均每年录制的广播剧3—7部，大多由广西国有广播电台录制。广西广播剧以前曾在全国有较好的排位，一些广播剧曾获全国或省部级大奖，如广播剧《瓦氏夫人》获中国广播影视大奖优秀广播剧（连续剧类）奖，广播剧《柳州刺史柳宗元》获第九届中宣部"五个一工程"入选作品奖。但广播剧不属于盈利产品，获奖再多，也难有好的市场效益。广播剧的录制经费基本靠录制单位出资或政府扶持，2019年广播电视管理部门机构改革后，各区市的广播电台与电视台合并，让广播剧创作生产陷入了前所未有的危机，市县一级尤其明显。各市广播电视台均无广播剧创作生产的业务科室，广播剧创作管理明显减弱，广播剧质量有所下滑，随着资深专业广播剧人才的相继退休，广播剧人才有些青黄不接。机构改革后，各台人员岗位调整也对广播剧的生产造成一定影响，加上广播电视广告收入逐年下滑，广播剧制作经费缺乏问题日益凸显。以 2019 年梧州广播电视台为例，原梧州电台庆祝中华人民共和国成立 70 周年广播剧《大道同行》是机构改革前重点抓的选题，机构改革后，梧州电台和电视台合并，广播剧预算制作经费受到一定影响，由于经费缺乏和剧本反复修改的原因，该剧录制计划无法如期完成，幸好延期完成质量不错。类似情况也发生在其他区市台。

（三）广西广播电视精品资金投入情况

广播电视精品是以高技术高投入为支撑的文化产品，资金的投入是产品的基本。

广西广播电视精品投资模式目前主要有三种：一是政府投资，二是社会融资，三是制作机构自己出资或与外省合作机构联合投资。由于电视剧属于市场运作产品，随着自治区党委、政府对电视剧扶持资金的减少，电视剧制作机构依靠自己的资源和实力进行融资或自主投资逐渐成为电视剧资金投资的主要模式。电视动画片投资模式与电视剧大同小异，但电视动画片更注重宣教作用，国家广电总局对电视动画片的扶持和引导相对多，广西对电视动画片也有少量"以奖代补"的扶持资金。纪录片和广播剧更侧重于社会效益，由于经济效益不足，纪录片和广播剧主要靠政府扶持和国有制作机构自己筹资制作，不过近几年制作机构开始制作一些颇具市场效益的纪录片，比如纪录片《舌尖上的中国》，每季的广告收益均过亿元。纪录片的投资模式逐渐市场化，高端制作机构可以进行大量社会融资，但广西纪录片目前的市场收益还难以按此市场融资模式进行。

二、广西广播电视精品生产存在的问题

（一）理念问题

在理念上，广西广播电视人对广播电视精品生产的认识不够，对广播电视剧（片）的题材和市场了解和把握不足，一些制作机构的创作生产意识薄弱，生产理念落后，有的只顾眼前小利益，满足于拉一些小赞助，获取微薄制作费；有的等靠政府扶持才运作，在市场开拓上下功夫不够。在创作层面上，创新意识不强，喜欢跟风创作，对别人没有创作生产的题材和故事缺乏大胆的尝试，对剧本市场缺乏把握，对剧本缺乏精雕细琢，精品意识不强。在摄制层面上，有的制作机构摄制经费不足就急于备案，有的剧本尚未修改完善就急于摄制，有的摄制资金还没着落就盲目宣传，有的在剧目备案通过后无法落实资金而无法开拍。在经营销售上，制作机构对广播电视精品的宣传包装和推介缺乏创新理念，营销手段滞后，对制作完成品推介不够。这些都是影响广播电视精品生产的理念问题。

（二）政策问题

政策是政府促进广播电视精品发展的手段，长期以来，广西还缺乏完整和有针对性的广播电视精品生产管理政策，自治区党委、政府已出台的相关文艺政策和措施涵盖面太广，涵盖全区整个文化领域，虽然这些政策和措施对广播电视精品创作生产有一定的促进作用，但仍缺乏针对性。另外，广西在财政、税收、人才等方面缺乏对广西广播电视精品生产的利好措施。比如，在某些发达省份，电视剧获得备案公示后获 50 万元扶持资金，摄制完成取得发行许可证获 100 万元扶持资金，在主要媒体播出将获 100 万元以上的扶持资金，目前广西尚未能够出台类似利好政策。利好政策的缺乏使得广西吸引区内外制作机构在广西备案立项比较困难。另外，

广西有关优秀广播电视人才的培养和待遇的利好政策不多，对广播电视精品创作人才缺乏足够吸引力，广西顶尖作家的作品大多为外省资金实力强的机构所用。

（三）资金问题

资金是制约广西广播电视精品生产的瓶颈。广西缺乏有资本实力的广播电视制作机构，一些非影视机构虽有资金，但因不懂广播电视业务，极少涉及广播电视精品生产。广西广播电视制作机构普遍存在资金缺乏、融资能力弱、自主生产能力不强等问题，广西质量水平较高的广播电视精品剧资金多靠外省制作机构投资与广西机构合作，或由自治区党委、政府出资扶持，由广西制作机构独资拍摄制作的精品剧不多，尤其是电视剧。由于资金问题，一些广播电视制作机构习惯在外省知名制作机构拍摄成片后，投入少量资金以获取挂名，此举偶尔为之即可，长此以往会导致广西本土制作团队和管理部门职能的弱化，如果广西的广播电视作品都不在广西备案立项，广西政府有关管理部门就会失去了作品的行政审批权和参评奖项的主动权。

广西电影集团有限公司虽成立多年，但摄制资金依旧缺乏，广西广播电视台机构改革后，受广告收益影响，对广播电视精品生产的投入资金越来越少，尚未把广播电视剧的精品生产作为主业来抓。电视剧投入属于风险投资，市场难以估量，很难判断盈利，因此，一些献礼电视剧如果没有政府扶持资金保本，制作机构不敢轻易摄制。广西有足够资金独资制作电视剧的机构只有寥寥几家，在全国广播电视市场缺乏竞争力。

（四）人才问题

人才是推动广播电视精品生产的关键。目前，广西广播电视专业人才缺乏，人才比较单一，复合型人才不多，广播电视制作和营销专业方面的人才更少。机构改革后，各级电视台和主要制作机构的专业人才流动较大，流失较多，一些专业部门撤销后，专业人才缺乏日益明显。广西虽有一些在全国有一定知名度的广播电视精品创作人才，但大多各自为战，比较拔尖的广播电视编剧和作家往往为发达省份所用，广西缺乏足够的资金和政策吸引广西广播电视创作人才为广西所用。

由于广播电视人才属于业务性较强的专业人才，不是短时间就能培养的，广播电视人才除了掌握书本理论知识外，还须经历多次创作历练。当前，广西广播电视精品生产的大环境还不足以吸引和留住高端人才。编、导、美、摄、剪等广播电视专业人才很难固守在一个地方，有剧拍且工作量大、报酬高的发达省区更能吸引他们驻留。另外，机构改革后，一些制作机构人员轮岗过快，有些广播电视业务人员刚熟悉业务就转岗或离职，导致人才流失。广播电视精品创作成效不像建筑和制造业那么立竿见影，必须要有恒心和毅力，必须要有"十年磨一剑"和"功成不必在我，功成必定有我"的决心和情怀，对广播电视人才的培养也是如此。

（五）质量问题

广西广播电视精品质量与全国发达省份相比，整体质量水平有待提高。摄制资金不足、专业人才缺乏、生产创新理念弱、利好政策不多等多方面原因，导致广西广播电视制作机构题材选择、剧本选择、制作团队选择、市场选择、销售选择不够精准，尤其是民营制作机构，有的为完成年度业绩或生存，往往不去过多思考质量水平问题；有的只要有人投钱，就迫不及待地开机，不去认真打磨和完善剧本。有些制作公司为了获得地方扶持，专门摄制地方形象片，客观地说，这些剧片思想性都良好，但由于类型单一，故事雷同，观赏性不足，市场收益较差，除了地方领导喜欢，吸引不了其他区域的观众。在广播电视产品日益市场化的当今，缺少普通观众喜欢的作品是难有市场和收益的，这是广播电视工作者必须正视的现实。

　　近年来，广西广播电视精品生产虽然取得一定的成绩，但整体质量水平还有待提高，在全国传得开、叫得响的现象级作品很少，社会效益和经济效益俱佳的作品不多。另外，机构改革后，广西广播电视行政管理部门从区到市县，编制和人员都在减少，具体业务管理部门的人员与发达省区相比差距过大，如全国 31 个省区和直辖市有 23 个（包含欠发达省区的云南、贵州和新疆）的广播电视行政管理部门设立了电视剧处（平均 4—6 个编制），广西机构改革后，因编制减少，广电管理部门没有设立电视剧处，电视剧管理业务并入宣传管理业务繁忙的宣传处，两个处的编制加起来才 5 个。随着广播电视内容产品的日益增多，管理部门的工作量日益增大，要在管理层面上给广播电视制作机构的创作生产给予更深的引导和指导显然力不从心，相关业务管理人员能够应付上级布置的任务，维持常态事务性工作已很勉强，难有更多的时间、精力对广播电视精品生产做更深层次的探讨和研究。

三、广西广播电视精品生产的对策和研究

　　前面种种迹象表明，目前，广西广播电视精品生产要从各种问题中解放出来，进一步繁荣发展，必须认真研究并提出对策。

（一）要加大对广播电视精品生产的扶持力度，加强广播电视管理部门的人力物力

　　要促进广播电视精品生产，须在政策上对广播电视产品给予倾斜，这在其他发达省区是行之有效的。因此，我们建议广西要不断强化政策扶持力度，尤其要在税收、金融、土地、资金等方面出台更加有针对性更细化的利好政策，着力营造有利于广西广播电视精品生产的良好环境。另外，

要科学制订适合广西实际的广播电视精品生产规划，出台针对性强的促进措施。要不断加强广播电视管理部门的人力和物力，增加管理机构业务部门的人员编制，增加管理经费，提高管理深度和宽度，从加强引导和扶持入手，积极引领广西广播电视制作机构创作生产，努力提高制作机构的业务水平和生产能力。

（二）要积极培育龙头旗舰机构成为广播电视精品生产的主体，引导广播电视行业机构有序生产

近年来，广西产生巨大影响的广播电视剧（片）都是广西广播电视台、广西电影集团有限公司和个别民营制作机构生产的。因此，我们一要引导生产要素向优势制作机构集中，积极培育大型专业化的制作机构团队，打造集约化、专业化的龙头旗舰机构，让龙头旗舰机构成为行业标杆。二要加快构建把社会效益放在首位、社会效益和经济效益相统一的体制机制，对社会效益突出、履行社会责任作用明显的机构，给予适当的政策和待遇方面的倾斜。三要加强对广西民营广播电视制作机构的管理，厉行优胜劣汰，去除冗余产能，治理"小散滥"制作机构，对信誉好、业绩好的机构给予更大优惠支持，对出现问题的机构给予严格监管，真正做到"优者更优、强者更强"，让广播电视行业见贤思齐、百舸争流，让滥竽充数的机构不再成为行业发展的隐患和干扰性因素。

（三）重视专业人才的培养和挖掘，对内强化人才，对外不拘一格降人才

一是创新人才培育机制。国有制作机构可以考虑实行广播电视人才签约制，对有潜力的广播电视优秀人才，不管是区内还是区外，都可以采取签约或聘用的方式，然后对这些人才进行必要的包装和宣传，增强他们在业界的号召力，从而提升机构的专业影响力。二是采用灵活的人才机制培

养人才和吸引人才，对广西现有的本土专业人才，要尊重他们的意见建议和劳动成果，在待遇上给予适当的倾斜，充分发挥他们的潜力和主观能动力，利用广西专业人才为广西广播电视服务。三是实施广播电视人才工程，政府要利用优厚待遇和利好政策来吸引广播电视精品创作和管理人才，不仅吸引广西广播电视人才，还要吸引更多全国各地广播电视精英为广西广播电视业服务。

（四）坚持内容为王、品质为王、剧本为王的广播电视精品策略，努力推出广西广播电视优质作品

广播电视精品生产属于内容生产，用业内行话说就是"内容为王"，在当今媒体融合，新媒体不断抢滩广播电视平台的情况下，增强广播电视内容生产是决定广播电视成败的关键。广播电视精品生产，无论是电视剧、动画片还是广播剧，剧本依旧是一剧之本，是决定一个剧成败的关键，因此，题材和剧本的选择是广播电视精品生产的关键和首要环节。成功的题材规划必须建立在对内容的准确把握，对市场的广泛调查研究，对受众心理的充分了解基础上。如果题材和剧本不好，再好的导演、摄影、剪辑、制作和明星都难以扳回败局。建议上级有关部门设立广播电视剧本专项扶持资金，专门用于优秀选题和剧本创作，奖励优秀广播电视精品，为打造广播电视品牌夯实基础。另外，我们还要重视打造广播电视精品品牌，政府有关部门要充分发挥桥梁作用，积极推进各路广播电视机构联合制作，促成"弱弱变强，强强更强"的合作路子，汇集区内外广播电视精英为广西服务，全力打造广西广播电视品牌力作。

（五）坚持守正创新，以互联网思维和智慧广电理念，创新广播电视制作发行播出体系，努力实现广播电视精品传播和效益最大化

当前，新一轮科技革命特别是数字信息技术升级、互联网发展、媒体融合，正在给我国广播电视业带来一场全方位的深刻革命。广播电视精品生产必须守正创新，运用互联网思维、智慧广电和融合发展理念，再造产业流程，创新产业链条，形成更有生机和活力的新题材、新生产、新投资、新营销、新传播、新收视、新评价方式。一要多利用手机电视、IPTV、移动电视、网络广播、网络电视等新媒体平台推介和播出更多广西广播电视精品剧目。根据市场需求，优化内容生产，推出一批思想精深、艺术精湛、制作精良的广西原创广播电视精品。二要与央视和网络平台建立长效的合作机制，为优质广播电视精品剧目搭建展播平台，打造"互联网＋精品"合作模式，促进优秀广播电视精品剧目多渠道传输、多平台展示、多终端推送。三要加快建设"壮美广西·智慧广电"融合媒体云平台，积极利用"壮美广西·智慧广电"融合媒体云平台培育和孵化广播电视精品创作，运用移动直播、短视频等手段，不断升级广播电视精品的供给类型，形成一条顺畅、高效、集约化的融合产品供给渠道。

（六）聚焦党和国家重大时间节点，坚持促进、引导、管理原则，强化选题规划组织实施，努力推出有新时代标志的优秀作品

未来几年，党和国家大事要事喜事接连不断，我们要聚焦这些重要时间节点和宣传期，加强广播电视精品创作规划，积极打造主旋律作品，在服务党和国家大局上展现价值担当。建议自治区党委、政府对重点选题给予扶持，充分发挥政府和市场两只手作用，广播电视上级主管部门要不断完善扶持政策，激发各类生产主体和从业人员的主观能动性和潜能，对重点选题统筹协调，有序推进，动态管理，铸牢"四个意识"，坚定"四个自信"，坚持正确政治方向，创作丰富多样的中国故事、中国形象、中国旋律，努力打造中华文化的亮丽名片，推出有新时代标志的优秀广西广播电视精品。

（七）广西广播电视精品生产要立足广西，面向全国，走向世界

广西广播电视精品生产不要局限于广西，要有全国和世界的眼光，作品要放之四海而皆准，广西生产的广播电视作品不仅要让广西自己人喜欢，还要让全国观众喜欢，让国外观众也喜欢，努力在全国传得开、叫得响，并力争推向世界。广西的人文风俗与东南亚国家有不少相通之处，作品比较适合这些区域观众的口味。广西可以借助中国—东盟博览会落户南宁的良好机遇，不断拓展广西广播电视的国际市场，不断扩大广西广播电视精品的受众范围和销售渠道，不断拓宽广西制作人的视野。我们要对内搞活，对外开放，对内要加强与国内发达地区的知名机构合作，对外除了与东盟国家合作，还要与其他地区国家交流合作。我们要不断加强与国内外高端制作团队的人才交流，在合作制作的过程中不断提高和完善自我，吸取国内外广播电视制作团队的精华，并加大对外宣传力度，强化企业和产品的宣传包装，努力提高广西制造的知名度，立足广西，面向全国，走向世界，努力推出一批反映时代特色、讴歌时代精神、讲好中国故事、展示中国形象、传递中国声音以及思想精深、艺术精湛、制作精良的广西广播电视精品力作。

广西广播电视公益广告的发展对策

课题负责人：吴晓丽

责任人：周江波　黄　彬

近年来，广西各级广播电视行政管理部门和广播电视播出机构认真贯彻落实党中央部署，坚持以习近平新时代中国特色社会主义思想和党的十九大精神为指导，紧紧围绕中心，服务大局，紧密配合党和国家重大战略部署、重大主题宣传和重大活动。广西广播电视公益广告制作和播出工作卓有成效，制作表现手法多样，积极宣传党的路线方针政策，主题紧扣中国梦、讲文明树新风、社会主义核心价值观、脱贫攻坚，内容表达入情入理，紧贴广西特色，播出力度不断加大，社会影响力和传播力明显。

一、公益广告的发展历程

（一）公益广告的起源

公益广告是不以营利为目的而为社会提供免费服务的广告活动。中华人民共和国成立以后，公益广告日益增多，在对全社会进行道德和思想教育方面发挥了重要作用，例如有关部门制作的关于防火防盗、保护森林、维护公共秩序、不要随地吐痰等内容的广告，均属公益广告。1984 年 7 月

8日，由《北京晚报》、八达岭特区办事处、《北京日报》《经济日报》《工人日报》联合举办的"爱我中华修我长城"社会赞助活动，也具有公益广告的性质。世界各国的广告界都在不同程度上开展公益广告活动。广告事业是为经济服务的，但又是为社会、为消费者、为促进两个文明建设服务的，开展公益性广告活动正是树立以上四个服务观点的体现。

公益广告在国外起源较早。在欧美发达国家，公益广告已相当普及，尤其是电视公益广告。电视公益广告最早见于美国、法国的国际性大电视台，如美国 ABC 电视台和法国 CANAL＋电视台。之后欧美一些跨国企业和机构也纷纷加入公益广告的制作和发布。欧美电视台播出的公益广告大多是由一些国际性或全国性组织、机构发布的，如红十字国际委员会、世界卫生组织、联合国儿童基金会等。而一些大公司更是在发布商业广告的同时，不遗余力地制作公益广告。在我国，公益广告事业也有了长足的发展。各大城市的公共交通、公共场所的公益广告已十分常见。媒体上的公益广告也迅速增加。尤以电视为最，原中央电视台的《广而告之》栏目开了中国电视台公益广告的先河。几乎所有市级以上的电视台，都有公益广告时段。①

（二）公益广告的特点

一是公益性。公益性是公益广告最本质的特征，它是纯粹为公众服务的广告，不含有任何商业利益，唯一的目的就是为大众谋福利，为社会的发展作贡献。正如潘泽宏在《公益广告导论》中指出：公益广告是面向社会广大公众，针对现实时弊和不良风尚，通过短小轻便的广告形式及其特殊的表现手法，激起公众的欣赏兴趣，进行善意的规劝和引导，匡正过失，树立新风，影响舆论，疏导社会心理，规范人们的社会行为，以维护

---

①　刘建明、王泰玄、谷长岭、金羽：《宣传舆论学大辞典》，经济日报出版社，1993。

社会道德和正常秩序，促进社会健康、和谐、有序运转，实现人与自然和谐永续发展为目的的广告宣传。

二是非营利性。无论是哪个团体、组织或部门发布的公益广告，其目的都是非营利的。中国传媒大学的路盛章教授曾说过，商业广告的目的是获得经济利益，为了赚钱，花钱做广告的人要得到直接的经济效益；公益广告则是花钱做广告，为大众传递信息，只为引发大众对某些社会热点、公益事件的关注，服务于社会，它是一种对社会奉献精神的体现，不以营利为目的。

三是社会性。公益广告所关注的不是一个人或少部分人的问题，而是关注人们普遍关心的社会性问题，因而具有社会性的特征。这一特征体现在公益广告所宣传的主题中，如环境保护、尊师重教等，具有社会性的普遍意义，它的社会性是和公益性是分不开的。公益广告正是以社会性重大主题作为宣传内容，才能引起公众的强烈共鸣，因而才能起到宣传、规劝、警示等作用。

四是通俗性。公益广告的通俗性是由它的受众是社会公众这一特点所决定的。其他商业广告面对的是某一特定的目标受众，所以其广告的表现形式和内容都要符合目标受众的特点。而公益广告的受众为社会公众，每个人的文化程度、理解能力不同，因此公益广告不仅传播内容要具有普遍意义，而且形式上要通俗、简洁，语言要平易近人。

（三）公益广告播出的相关规定

1. 《中华人民共和国广告法》。

第七十四条　国家鼓励、支持开展公益广告宣传活动，传播社会主义核心价值观，倡导文明风尚。

大众传播媒介有义务发布公益广告。广播电台、电视台、报刊出版单位应当按照规定的版面、时段、时长发布公益广告。公益广告的管理办法，由国务院工商行政管理部门会同有关部门制定。

2.《广播电视管理条例》。

第四十二条　广播电台、电视台播放广告，不得超过国务院广播电视行政部门规定的时间。

广播电台、电视台应当播放公益性广告。

3.《广播电视广告播出管理办法》。

第六条　广播电视行政部门鼓励广播电视公益广告制作和播出，对成绩显著的组织、个人予以表彰。

第十六条　播出机构每套节目每日公益广告播出时长不得少于商业广告时长的3%。其中，广播电台在11：00至13：00之间、电视台在19：00至21：00之间，公益广告播出数量不得少于4条（次）。

第三十一条　因公共利益需要等特殊情况，省、自治区、直辖市以上人民政府广播电视行政部门可以要求播出机构在指定时段播出特定的公益广告，或者作出暂停播出商业广告的决定。

4.《公益广告促进和管理暂行办法》。

第五条　公益广告应当保证质量，内容符合下列规定：

（一）价值导向正确，符合国家法律法规和社会主义道德规范要求；

（二）体现国家和社会公共利益；

（三）语言文字使用规范；

（四）艺术表现形式得当，文化品位良好。

第六条　公益广告内容应当与商业广告内容相区别，商业广告中涉及社会责任内容的，不属于公益广告。

第九条第一款（节选）　广播电台、电视台按照新闻出版广电部门规定的条（次），在每套节目每日播出公益广告。

第二款（节选）　中央主要报纸平均每日出版16版（含）以上

的，平均每月刊登公益广告总量不少于8个整版；平均每日出版少于16版多于8版的，平均每月刊登公益广告总量不少于6个整版；平均每日出版8版（含）以下的，平均每月刊登公益广告总量不少于4个整版。

第四款（节选）　政府网站、新闻网站、经营性网站等应当每天在网站、客户端以及核心产品的显著位置宣传展示公益广告。

二、广西广播电视公益广告发展情况

（一）各级广播电视播出机构公益广告制播情况

自2018年以来，广西广播电视行政管理部门深入贯彻党的十九大精神，全面贯彻落实习近平新时代中国特色社会主义思想，严格落实党中央关于加强公益广告宣传的要求，坚持规范管理和科学引导，组织、指导全区广播电视播出机构持续加大公益广告制播投入力度，不断提高制播数量和质量，形成良好的舆论宣传氛围。截至2019年10月，广西共有1个省级广播电视台、14个市级广播电视台和75个县级广播电视台，有广播频道37个、电视频道117个。从2018年至2019年10月，广西各级广播电视播出机构共制作公益广告3985条，其中，广播类1533条、电视类2452条。特别是2019年1—10月，共制作了公益广告1360条，播出次数68万次，播出时长70万分钟，社会反响良好。

省级广播电视播出机构2018年至今共制作公益广告202条，地市级广播电视播出机构共制作公益广告1864条，县级广播电视播出机构共制作公益广告1919条。①

---

① 数据来源：自治区广电局统计数据

广西广播电视播出机构公益广告制播情况表（2018 年）

	省级		地市级		县市级		合计		
	广播	电视	广播	电视	广播	电视	广播	电视	总计
制作条数	90	21	750	454	53	1257	893	1732	2625
播出次数	61000	51840	274575	181440	6825	164500	342400	397780	740180
播出时长（小时）	1250	857	4725	2275	126	3237	6101	6369	12470

广西广播电视播出机构公益广告制播情况表（2019 年 1—10 月）

	省级		地市级		县市级		合计		
	广播	电视	广播	电视	广播	电视	广播	电视	总计
制作条数	75	16	500	160	65	544	640	720	1360
播出次数	50834	43200	228812	161200	5688	195625	285334	400025	685359
播出时长（小时）	1042	714	3936.5	2246	105	3700	5083.5	6660	11743.5

（二）广西主要新媒体平台公益广告制播情况

广西主要新媒体平台公益广告制播情况表（2019 年 1—10 月）

序号	平台	制作条数	转发条数	合计	备注
1	崇左广播电视网	0	36	36	长期滚动播放
2	玉林手机台	0	7	7	长期滚动播放
3	玉林广播网	0	9	9	长期滚动播放
4	玉林电视网	0	29	29	长期滚动播放
5	西江传媒网	0	185	185	长期滚动播放
6	广西新闻网	0	39	39	长期滚动播放
7	北部湾在线	0	17	17	长期滚动播放
8	桂视网	0	72	72	长期滚动播放
9	北海广播电视网	0	198	198	长期滚动播放
10	贺州新闻网	0	170	170	长期滚动播放
11	柳州广播电视网	0	162	162	长期滚动播放
12	广西网络广播电视台（含 IPTV）	14	146	160	长期滚动播放
总计		14	1070	1084	

据不完全统计，2019 年 1—10 月，广西主要网络视听平台的公益广告制作仅为 14 条，转发 1070 条。各网络视听平台的公益广告都是转发各级党委、政府已经制作好的视频或者图片，主要为社会主义核心价值观、征兵宣传、讲文明树新风和中华人民共和国成立 70 周年的题材。[①]

（三）自治区广电局推进公益广告制播工作举措

一是持续开展多种形式的公益广告大赛。2018 年，自治区广电局与自治区生态环境厅、自治区文化和旅游厅、自治区市场监督管理局和自治区妇女联合会共同举办了 2018 年广西广播电视公益广告大赛，并成功主办了"壮美广西·公益同行"首届广西广播电视公益广告大赛颁奖晚会，在广西广播电视台综艺频道进行了播出。2019 年，自治区广电局继续与自治区市场监督管理局联合举办 2019 年广西广播电视公益广告大赛。同时，自治区广电局每年都与自治区党委宣传部精神文明办联合开展"讲文明树新风"公益广告创作评比活动。

二是积极组织选送优秀公益广告作品。自治区广电局每年都按照国家广电总局关于做好广播电视公益广告扶持项目评审工作的通知要求，做好全区优秀广播电视公益广告作品初评工作。2019 年共推选出各类优秀作品共 13 件，优秀传播机构 4 家，优秀组织机构 1 家。在国家广电总局公布的获奖名单中，广西共有 5 件作品和 1 个播出机构获得总局扶持奖励。

2019 年，自治区广电局根据《国家广播电视总局办公厅关于认真做好庆祝新中国成立 70 周年广播电视公益广告创作播出工作的通知》要求，积极发动全区各级广播电视播出机构、企业、社会机构和社会团体参与创作。共收到各类公益广告作品 67 件，其中广播类 31 件、电视类 36 件。经组织专家评审，共评选出广播类 3 件、电视类 3 件优秀公益广告作品上

---

① 数据来源：自治区广电局统计数据

报总局评审。根据总局公布的获奖名单，广西共有 3 部作品获奖。

2019 年，广西共有 8 件广播电视公益广告作品获得国家广电总局扶持奖励，共计 68 万元。其中自治区广电局组织拍摄的电视公益广告宣传片《我们在守护》获得国家广电总局 2018 年度全国广播电视公益广告电视类一等作品扶持，这是广西首次获得一类作品扶持，自治区广电局被评为优秀组织机构。

三是积极创作广电行业的公益广告。2019 年自治区广电局陆续创作了反映广电系统无私奉献、坚守职责的作品《我们在守护》、宣传智慧广电的《壮美广西·智慧广电》以及宣传广西脱贫攻坚成效的《智慧广电助力脱贫攻坚》公益广告制播工作。

四是积极争取相关工作经费。自 2013 年以来，自治区广电局在每年的财政预算中都设置配套的公益广告创作和扶持经费，重点用于对市、县公益广告制播工作扶持及推广传播。2018 年，自治区广电局公益广告创作扶持经费为 115 万元，2019 年为 120 万元。

五是建立广西广播电视优秀公益广告作品库。为落实国家广电总局对广播电视公益广告管理要求，鼓励广西广播电视播出机构广泛参与公益广告制播工作，提升广西广播电视公益广告数量和质量，扩大广西广播电视公益广告传播效果和影响，促进广西形成常态化的广播电视公益广告策划、制播机制。自治区广电局在 2014 年建设了广西广播电视优秀公益广告作品库，每年都组织至少一次入围作品评审和资金扶持工作。

六是将广播电视公益广告播出纳入日常监管。自治区广电局每季度抽查一次全区各级广播电视播出机构公益广告播出情况，对不达标的播出机构责令整改并暂时取消各类推优资格。

三、广西公益广告发展面临的主要问题

（一）各级广电系统对公益广告制播重视不够

当前，各级广播电视播出机构都面临转型升级、爬坡过坎的困境，电视频道过多，节目同质化严重，精品不多。在新媒体的冲击下，广播电视等传统媒体的广告收入大幅下滑，这就造成了部分广播电视播出机构重视商业广告的投入，对公益广告的制播只是为了完成任务。同时，各级广播电视行政管理部门和广播电视播出机构对公益广告的重要性认识不足。

（二）独立制作能力不足

在广西各级广播电视播出机构中，广西广播电视台、南宁市广播电视台、柳州市广播电视台、桂林市广播电视台和梧州市广播电视台是制作公益广告的主力，也是参与各类公益广告评比活动的主力。其他播出机构制作能力欠缺，大部分的县级播出机构缺乏独立制作能力。

（三）推动广播电视公益广告发展的各类配套机制有待完善

目前，广西广播电视公益广告发展的机制依旧缺乏或者不到位。一是资金投入严重不足。"公益广告不赚钱，白占时间没好处"，这是大多数媒体人的思想。商业广告收益减少直接影响公益广告制播投入，资金的缺乏导致公益广告无法进行高水平、全方位的创意策划，大部分县级广播电视播出机构由于缺乏资金而不能独立制作公益广告。二是政策协同性不强。各级广电媒体过度依赖政府资金和扶持推优资金，长效机制尚未健全。三是制播考核机制不健全。各级广播电视行政管理部门对公益广告的监管手段主要还是播出监看，发现问题只能下达整改通知，约束手段有限。各级播出机构对公益广告的创作、制作、播出方面的奖惩制度仍不完善，很难

激励创作者。

（四）广播电视公益广告精品力作欠缺

目前，广西广播电视公益广告精品制作的整体水平薄弱，能够形成广泛影响力、形成传播效应的精品几乎没有，有创意的作品不多，一些作品还是停留在宣传资料的剪辑拼凑，内容枯燥直白，没有多少故事性和艺术性，缺乏震撼心灵、引起共鸣的优秀作品。在上级下达的公益广告命题创作任务中，很多创作者更多的是追求完成任务，对打造精品的主动性、积极性不高。

（五）公益广告创制能力不足

当前广西绝大部分广播电视播出机构、影视节目制作经营机构没有专职的公益广告制作团队，公益广告的制作多由商业广告制作经营团队兼职完成。越来越严峻的商业广告经营形势，使公益广告节目编排受到挤压，甚至出现公益广告播出不达标的问题。

四、提升广西广播电视公益广告发展的对策

（一）提高思想认识

习近平总书记在党的新闻舆论工作座谈会上指出，各级党报党刊、电台电视台要讲导向，广告宣传也要讲导向。党中央领导不断重视公益广告输出正能量的作用，指示相关部门开展各类公益广告创作、展播活动，加大公益广告推广力度。广告宣传是媒体宣传的重要组成部分，也有导向问题。好的广告，能够传播正能量，弘扬社会正气，倡导正确的价值观，引导健康的消费观。不良的广告甚至虚假广告，可能误导消费者，助长奢靡之风，败坏社会风气，甚至给消费者带来财产损失，最终也会损害媒体的

公信力。

其次，《公益广告促进和管理暂行办法》《广播电视广告播出管理办法》对公益广告播出的时长、时段、数量都作了明确要求，各级广播电视行政管理部门和各级广播电视播出机构应该认识公益广告制播工作的重要性。

（二）加大资金投入、深化订购服务

一是加大扶持资金支持。由于互联网的普及和新媒体的冲击，传统媒体的生存空间和营收能力日渐萎缩，各级广播电视播出机构在公益广告制作、播出上不够积极、精品力作少，一些评比活动甚至出现推评困难的局面。为缓解这些困难局面，自治区广电局每年的公益广告创作扶持资金都在增加，2019 年的扶持资金是 120 万元，2020 年争取提高到 150 万元。

二是深化广播电视播出机构公益广告的市场化订购服务。广播电视公益广告既是一种宣传活动，也是一种运营活动。公益广告不仅要依靠行政力量和行政机制，也要充分应用市场机制在市场中增强发展活力。应积极推动政府公益广告的社会化采购，使供需双方、制播双方深入对接，以市场竞争促进质量提升。

（三）积极参与各类公益广告评比活动

国家广电总局自 2014 年开始每年拿出 1000 多万元公益广告专项扶持资金用于激励公益广告制播工作。专项资金扶持项目的实施，成为推动广播电视公益广告发展的有效举措之一。同时，自治区广电局也积极开展各类公益广告大赛，对获奖作品给予一定的资金扶持。今后，自治区广电局将积极推进全区各行各业主动参与各类公益广告评比活动，在参与中不断提高作品数量和水平。

（四）调动各界力量积极参与

积极调动各行业政府主管部门、事业单位、高等院校、社会企业、影视制作机构、广告公司等各方力量的参与，在相关法规的规范下，找到公益广告与商业赞助的融合点，加强合作，互利共赢，共同制作策划公益广告，进一步激发广播电视公益广告的发展活力。

（五）加大培训力度，提高创作水平

广播电视公益广告是广播电视宣传工作的重要方面和重要组成部分，是唱响主旋律、弘扬真善美、传播正能量、推动提升宣传效果的有效形式。

公益广告是艺术，是通过艺术手段达到宣传的效果。公益广告拍得好，很重要的一个环节是创意为先，创意是广告业的一个大的课题。

自治区广电局将加大对全区各级广播电视广告管理、从业人员的培训力度，主动搭建高校、优秀创作企事业单位与广播电视广告部门的沟通桥梁，提升广西广播电视公益广告创作水平。

（六）创建沟通机制，激发制播活力

聚合公益广告多方资源，创建政府、媒体、企业在公益广告方面的沟通、发展机制；探索推动广电媒体公益广告专业化发展的新路径，理顺媒体内部管理机制，设立内部公益广告专设机构或团队，配置专业人才，将公益广告制播与绩效激励挂钩，进一步激发制播活力。

广西市县广电媒体融合现状及对策

课题负责人：吴晓丽

责任人：周　毅　黄基刚

近年来，面对网络新兴媒体的冲击，广西广电媒体积极探索，主动出击，精心谋划，在全行业达成了以媒体融合助推广电行业深化改革发展的共识。2017年，广西广电媒体加强谋划，以融合媒体云平台建设、"中央厨房"建设和采编发流程再造项目为抓手，逐步突破媒体转型发展困局。县级融媒体中心建设工作启动以来，各市县进一步加强意识形态管理，将纸媒与广电媒体等原有资源进行优化配置，强化了网络舆论阵地建设。本文根据广西广电媒体融合发展情况调研的情况，分析存在问题，提出解决对策。

一、基本情况

为全面落实国家关于加快广播电视媒体与新兴媒体融合发展工作部署，自治区党委、政府先后印发了相关推动广西媒体融合发展的重要文件。2017年9月，原自治区新闻出版广电局印发《推进广西广播电视媒体与新兴媒体深度融合工作方案》，全区各级广电媒体开启全力推动传统媒体与新兴媒体融合发展的行动。

（一）从市层面来看

整合广播和电视播出机构。14 个市整合广播、电视组成了广播电视台，并积极拥抱新媒体，打造运行全媒体"中央厨房"，再造策采编发运行管理流程，推进各种媒介资源、生产要素整合和信息内容、技术应用、平台终端、人才队伍共享融通，目前已经初步形成了一次采集、多种生成、多渠道分发、多元发布、多平台互动的运营模式，打造了多个可视性强、影响力广的融媒体产品。

目前，14 个市的广播电视台入驻广西广电融合媒体云平台（简称"广电云"），打造全媒体平台，开通了微博账号、微信公众号、抖音号等；12 个市的广播电视台申请建设广播电视网站，并持有信息网络传播视听节目许可证。钦州广播电视台与《钦州日报》两大媒体在全区率先融合，成立了钦州新闻传媒中心，基本实现了报、台、网、声、屏的全媒体融合。南宁市起步最早，2010 年就开始建设广播电视新媒体传播矩阵，2015 年建成广播电视媒体融合云平台，目前已成为广西地区新媒体产品、新媒体服务最为丰富的机构。柳州广播电视台把传统媒体全面融入互联网思维和技术手段，实现媒体融合从"相加"到"相融"，"在柳州"App 目前下载用户量突破 106 万，注册用户接近 10 万，日覆盖用户超 18 万。广播电视台媒体的服务能力得到提升。

但个别市广播电视台由于缺乏资金、新媒体专业人才等原因，在融合发展上严重落后，仅依靠电视屏幕传播，受众不能方便及时获取到多渠道的、多种形式的本地新闻资讯服务和生活、政务服务，满意度不高。如防城港市广播电视台，没有官方网站、官方微博、客户端，新媒体发展严重滞后，仅有一个微信公众号，粉丝数量少，宣传效果很有限。

（二）从县层面来看

全区 71 个县基本上以广播电视台为班底，整合了原广播电台、电视台、新闻中心、门户网站、官方微博、微信公众号等资源，成立了县级融媒体中心。各县全力搭建"中央厨房"技术平台，确保了上下贯通，统一指挥调度；完成移动客户端开发应用和物理空间再造，"台、网、微、端"多位一体传播矩阵初步形成。

灵山县融媒体中心继续依托广播电视品牌影响力、策采编发业务骨干和音视频精品，运营"魅荔灵山"手机 App，App 总访问量超 700 万，下载量超 5 万，平均日活量 1.2 万，App 与银行医院等开展业务合作，广告业务量达 100 多万元。扶绥县委、县政府安排财政资金 1600 多万元建设了 2000 多平方米的扶绥融媒体中心，融媒体中心依托大数据中心、智慧广电等项目，探索"新闻＋政务""新闻＋服务"模式，打造全县最大的"云上扶绥"电子商城，服务地方经济发展，助力脱贫攻坚。凭祥市委、市政府安排 1100 多万元建设 1640 平方米的融媒体中心，部署包括指挥中心（"中央厨房"）、电视演播室、广播电台、视频编辑室、广播电视播控机房等。各县媒体传播能力、服务能力都大幅度提升。

县融媒体中心打通上下传播渠道，与"广西云""广电云"及市级客户端互联互通，引乡镇、街道、企事业的微信公众号、网站、微博进驻，实现同频共振、二次传播，放大了传播效应。

（三）广西"广电云"支撑市县广播电视媒体融合

目前，除 14 个市广播电视台入驻广西广电融合媒体云平台，56 个县级融媒体中心也入驻了"广电云"，享受策采编发系统接入服务，其中 30 个县还签署了软件增值或硬件集成服务协议。市、县融媒体中心运用"广电云"的云端"中央厨房"、融合信息中心和"App 工厂"等核心能力，搭建、生成 App 客户端或更新丰富原有客户端，打造客户端主流舆论阵地。比如，来宾市台 TV 客户端制作的《来宾早安》栏目，已成为当地干部群众一道丰盛的"咨询早餐"。北海市台运用"广电云"云直播服务能力，进行了环广西自行车赛北海站及唱响北海等活动直播，点击量超过 100 万次。宾阳融媒体中心基于"广电云"提供的指挥调度、内容汇聚、内容生产、多渠道发布、大数据分析等融媒体技术服务，将广播电视等传统媒体生产传播渠道纳入融媒体传播矩阵，"宾阳手机台"App 集"媒体＋政务＋服务"于一体，成为宾阳主流舆论阵地，电视问政"媒体＋政务"等节目活动直播点击量超过 50 万次。"广电云"助力市县融媒体实现了"一体策划、一次采集、多种生成、多媒体传播"格局。

二、存在问题

结合对部分市县调研情况以及对全区媒体融合发展情况的了解，发现广西广电媒体融合发展存在的主要问题有以下四个方面。

（一）工作思路和方向不够清晰

广西广电行业对媒体融合发展的重要性已经有了较深的认识，也有了许多实践探索和行动。但是，总体来看，对如何推动广电媒体深度融合发展还缺少思路和办法。同时，县级融媒体中心对建设工作研究不深，互联网思维缺乏，理念观念没有跟上，找不到推进工作的有效路径。大部分县融媒体中心成立以后，对于如何运行和监管、如何进行区域规划和功能布局，以及如何打造融媒产品等都缺乏清晰的思路和目标。

（二）融合发展的投入不足，人才短缺

媒体融合需要相当的投入，各级广电媒体普遍面临资金短缺的问题。受到自身经济实力的限制，部分广电媒体难以独立承担新媒体建设运营所

需的资金。同时，新媒体尚没有稳定成熟的盈利模式，缺乏自我造血能力，也影响着其进一步发展。此外，各地市十分缺乏融合发展的领军人才、复合型人才，也尚未建立起培育媒体融合发展人才的有效激励和奖励机制，面临着用人难、育人难、留人难的困局。县级融媒体中心成立以后，开展新媒体业务的人员严重不足，工作队伍的整体素质和水平亟须提高。

柳州市广播电视台新媒体设备采购于 2015 年，目前故障频发，该台由于资金紧缺，软硬件投入几乎停滞。崇左市台同样面临资金困境，融媒体指挥中心项目建设预算资金 350 万，目前仍有近 300 万元的资金缺口。防城港市广播电视台由于资金困难，2019 年 8 月才计划投入 200 万元启动广播电视台融媒体中心建设。

（三）建设标准不统一

广西县级融媒体中心建设时间紧任务重，由于建设规范出台相对滞后，承建方（主要是广西日报社和广西广电网络公司，其中广西日报社负责内容运营和内容生产流程再造，广西广电网络公司负责项目建设支撑和技术指导）对标准的理解不一致，造成了广西各地县级融媒体中心建设的标准不同，导致一体策划、一次采集、多种生成、多媒体传播等性能要求和公共服务平台等功能模块未能有效实现。

（四）运营短板突出，缺乏有影响力的新媒体品牌产品

运营短板是媒体融合中广电媒体所辖视听新媒体普遍存在的问题，也是县级融媒体中心建设的瓶颈问题。广西县级融媒体中心定位为事业单位，财政给予相应保障，这有利也有弊。从长远来看，没有造血功能全靠输血的媒体，发展能力不足、竞争意识不强，传播力影响力也难以提升。同时，受到资金投入不足、人才短缺和发展模式单一的影响，视听新媒体

的整体影响力、传播力、竞争力都还不强。虽然一些市级视听新媒体凭借自身特色，打造了当地品牌和平台，如南宁老友网、柳州"在柳州"App、桂林桂视网等，但这些平台跨媒体、跨行业开展业务的能力尚待提升，打造的融媒产品及节目与国内同类新媒体相比差距巨大。

三、原因分析

广西广电媒体融合发展程度不高，有思想认识、资金人才、体制机制等种种原因，但究其根本，是全区广电媒体在活力以及改革动力上的不足。大多数县级媒体长期以来在困境中求生存，机制僵化，不敢改革、不会改革、不想改革，媒体自身的管理机制、用人机制、分配机制、激励约束机制严重滞后，致使内部活力丧失。另一方面，自治区、市、县等各层次保障广电媒体融合的政策机制也还不完善，有关市、县级融媒体中心建设相关政策的落实不到位，影响了广电媒体改革进程。

四、对策建议

（一）以解决问题为导向，为实现广电媒体深度融合发展营造良好氛围

针对具体问题，在自治区党委宣传部领导下，自治区广电局以及各市党委、政府要加大对市县广电媒体融合发展工作的指导协调力度。一是加强对广电媒体融合及县级融媒体中心建设规范的宣传、贯彻、培训。二是指导广西广电网络公司与各市广电媒体、各县融媒体中心加强工作对接，用好"广电云"，提升"广电云"大数据云计算服务及技术保障覆盖面。三是组织行业专家，到各市就广电媒体融合发展以及县级融媒体中心建设予以实地指导，并争取设置专项资金扶持。四是开展市县融媒体中心

长效运营机制研究和媒体融合建设运营试点，多措并举为市县广电媒体融合提质增效、培养全媒体理念和技能的复合型人才。

（二）树立改革意识，着力推进融合发展体制机制的创新突破

媒体融合工作推进至今，要进一步取得实质性的进展，体制机制的改革是关键。抓媒体融合的改革创新，既要确保传统广电新闻业务、品牌栏目和节目得到巩固提升，又要有利于促进媒体融合发展。因此，需要把握好三个方面：一是落实"一把手"负责制。县级融媒体中心建设是媒体融合工作的一种延伸，是一项改革任务、系统工程，没有"一把手"去推是不可能完成好的。除了"一把手"亲自抓，还要建立健全强有力的组织领导架构，用众人的智慧和力量共同推动工作。二是要在采编发流程再造上下功夫。结合各媒体单位的实际，围绕全媒体运营要求的采编发流程，制定全新的组织架构、用人机制、考核机制、分配制度，配套建立必要的技术平台、资源平台、播控平台，改变传统媒体、新媒体"两张皮"的现象，切实指导县级融媒体中心实现"新闻信息一次采集、多种生成、多元传播"这个目标。三是要在资源整合上下功夫，让内容资源、业务资源、人才资源、技术资源形成聚集和有效利用，向媒体融合的方向倾斜，向基层倾斜，为融合发展奠定资源基础。

（三）树立用户意识，以内容建设为核心提升融媒体服务能力

传统媒体与新兴媒体融合发展，内容是立身之本，用户是发展之基。媒体的主业是内容产业，市、县级融媒体中心在做好宣传及舆论引导的同时，要生产出有温度、有情感、有品质、有影响力的作品。推进媒体融合，首先在思维理念上就要接受互联网的用户思维，要将用户意识和内容生产这两者有机结合起来，在坚持正确的政治方向和舆论导向的前提下，强化广电媒体的融合性内容生产能力，生产更多接地气、接政气、接网气

的优质内容，以内容服务用户、以用户拓展产业、以产业赢得未来。

一是要注重用户需求。要实现观众思维到用户思维的转变，紧抓用户需求这个融合内容创造生产的关键点，在客观、真实报道新闻事实的前提下，从用户的角度去选择信息，从用户的角度去报道新闻，从用户的角度去表现感情，以网民喜闻乐见的形式呈现新闻报道，激发用户参与传播的主动性。二是要注重增强用户黏性。要进一步给予市、县级融媒体中心更为清晰准确的目标定位，通过组织生产一批聚焦重点、反映热点、突出特点的融合性报道，创作一批有品质、有温度、有特色的融合性节目栏目，打造一批内容翔实、服务周到、技术可靠的融媒体应用产品，以此来吸引、整合更多的用户资源。要加大营销手段、运营手段的创新力度，增强媒体活动线上和线下的统筹，进一步增强用户的黏性，探索出既能留住用户，又能创收盈利的发展新模式。三是要注重挖掘视听作品的衍生价值。在内容生产上要坚持思想精深、艺术精湛、制作精良相统一，重视视听作品全价值链的打造，结合脱贫攻坚、产业发展等党委、政府重点工作，支持品牌节目衍生品的开发，推进传统渠道与网络渠道的联动播出和运营增值。要围绕视听作品内涵和外延开展多元经营，借助抖音等新媒体平台，策划制作互动性强的新闻产品，精心引导设置评论话题，通过开发衍生游戏、搭建电商平台等举措，实现看节目、玩游戏、购物一体化，推动品牌视听作品经营价值链的延伸，使广电业务拓展到电商、政务、智慧城市、智慧家庭、电竞娱乐等行业和领域，真正实现跨界融合。四是要关注民生，及时发声。在内容生产上要结合扶贫攻坚、党组织建设、教育医疗、公共服务以及抗击自然灾害、抵制社会不良风气等社会大众关注的热点焦点问题，敢于亮剑、及时报道，回应社会和大众的关注，树立有作为、有担当、有温度、有热度的媒体形象，提高主流媒体的公信力、影响力。

（四）对表对标建设，实现规范化建设和管理

在县级融媒体中心建设中，广西日报社、广西广电网络公司要进一步明确职责分工，各司其职，形成更强的工作合力。两家联合建立县级融媒体中心内容、市场运营、人才培训和当地运维团队，共同发力，真正实现广西媒体深度融合。同时，要按照规范对项目进行竣工验收，对不合乎建设标准的中心进行整改，为融媒体中心良好的运行和管理奠定基础。

关于对浙江省、江苏省智慧广电建设情况的调研报告

课题负责人：朱日荣
责任人：黄智恒　蓝照华

2019 年 5 月 29 日—31 日，朱日荣副局长、李晓泉副巡视员率自治区广电局安全传输保障处（科技处）、广西广电网络公司相关人员，赴阿里巴巴集团、江苏省广电有线信息网络股份有限公司、南京邮电大学、华数数字电视传媒集团就智慧广电建设工作进行调研，实地调研阿里云结合智慧广电所开发的应用业态，以及江苏省广电有线信息网络股份有限公司、华数数字电视传媒集团开展新时代文明实践中心、政务服务"最多跑一次"等智慧广电新业态的实践经验，并与南京邮电大学就智慧广电开展物联网技术研究和应用进行了探讨，初步达成了共同合作研发的意向。

一、基本情况

（一）阿里巴巴集团

阿里巴巴集团利用阿里云的数据存储运算资源，开展了杭州城市大脑应用的研发，城市大脑将散布在城市各个角落的数据连接起来，包括交通、综治、消防、公安、旅游、气象等部门的数据，实现数据互联互通，

运用大数据、人工智能等技术，对城市进行全域的即时分析、指挥、调动、管理，实现对城市的整体研判、协同指挥，有效调配公共资源，不断完善社会治理，推动城市可持续发展。

杭州城市大脑定位为"老百姓的城市大脑"，从普通市民的视角，以旅游、交通为重点，为用户提供"周末去哪儿""交通出行""最多跑一次"等服务。实时发布景点、气象、出行等多方数据，并以用户终端所在位置为核心，推荐最佳旅游线路、最佳出行路线，让用户随时感知大到杭州整个城市、小到周边社区的状况，让"城市大脑"大数据惠及百姓。

（二）江苏省广电有线信息网络股份有限公司

江苏省广电有线信息网络股份有限公司围绕思想文化传播、文明行为实践两个目标，充分发挥广电网络云、网、端的技术优势和终端优势，整合全域融媒体分发、大数据分析、"广电云"平台、移动传播平台、数字广播平台等优质渠道资源，在句容市（县级市）构建"一云四屏一声"为主体的系统性文明实践云平台，联通县、乡、村三级的新时代文明实践中心、文明实践所、文明实践站，汇聚文明实践后台管理平台、融媒体中心、手机 App 工作平台、江苏有线特色品牌等内容，打通广电网络、互联网、通信网等传播渠道，实现电视机、收音机、手机、电脑、大喇叭等多终端播发，做到全媒支持、全面覆盖；具有百姓点单、群众点评、活动报名、活动点赞、群众点悟、志愿者招募等网上网下同步、线上线下互动功能，增强老百姓的参与度，有针对性地提供深受老百姓喜爱的节目内容，并可将基层老百姓所开展的活动通过客户端上传播发，增加本地节目的内容来源，做到全民参与、精准传播。目前平台覆盖句容市电视用户4.8万户、手机用户5000人，打通宣传群众、教育群众、关心群众、服务群众的"最后一公里"。

（三）南京邮电大学

调研组一行与南京邮电大学就智慧广电开展物联网技术研究和应用进行了探讨。南京邮电大学的教授认为：当前核心网络的技术在未来一段时间内应该不会出现太大的变革，他们正在着力开展边缘网络的研究，边缘网络即公共通信网络的边缘，包括汇聚层网络和接入层网络的一部分或全部，是接入用户的最后一段网络，物联网就属于边缘网络。南京邮电大学物联网研究院目前已经开发了物联网智能信息处理系统和相关的传感器，应用在智慧医疗、智慧停车、智能家居、智能路灯等方面；广电有线光纤网络具有进入老百姓家庭的巨大优势，在5G时代应重点加强物联网应用层面的研究，解决"高速公路有了，车怎么跑"的问题。双方就下一步针对广电网络开展物联网应用技术研究初步达成了共同合作研发的意向。

（四）华数数字电视传媒集团

华数数字电视传媒集团是大型国有文化传媒产业集团，位居我国新媒体产业发展第一方阵，也是目前我国规模最大的跨地域经营的有线网络运营商，拥有近3000万户有线电视家庭用户，2018年经营收入34.36亿元，同比增长7.06％，其中基础电视业务的收入仅占33.06％。其发展战略是：打造智慧化新网络、融合化新媒体、数据化新平台。重点从智慧城市、智慧家庭两个方面发力建设智慧广电。华数集团在构建广电特色的智慧产业链中，有一个重要环节就是服务政府，成功打造了政务服务"最多跑一次"的智慧政务应用。

华数集团主动同杭州市政府对接，把握城市信息化的整体需求，提出解决方案。2018年2月，杭州市政府批准"杭州办事"项目成立，并委托华数集团负责整个项目实施。华数集团用一个月时间自主研发了自助服务机终端，同年3月15日在杭州"市民之家"部署首批综合自助服务机。截至2019年1月，"最多跑一次"综合自助机在杭州各区（县、市）行政服务中心、街道（乡镇）、社区（村）完成了604个网点649台终端机的部署。已实现30余部门、164个流转事项"一机受理，一次办结"，包括工商税务、国土房建、户籍教育、交通出行、社保公积金、生活服务、医疗计生等业务，办件总量达到40.3余万次，有效破解了政务服务"最后一公里"的难题。杭州由此迈入了"最多跑一次，政务不打烊"政务服务新时代。

此项业务按每台自助服务机终端每年收取6500元服务费来算，华数集团每年可增加421.85万元的收益，同时还能帮助政府提升执政形象、提高办事效率，让数据跑代替群众跑，让群众受益、满意。

二、广西广电网络发展的建议

（一）加强同自治区大数据发展局的合作

抓住自治区大数据发展局整合各厅局数据资源搭建政务云平台的契机，发挥广电网络绿色、安全、覆盖面广的优势，主动实现广电网络与政务云平台的数据对接，承载传输政务云平台的各种政务数据，将广电网络打造成为服务全区数字经济、数字政府、数字社会和民生建设的重要平台。

（二）加强"广电云"平台应用业态的研发

充分发挥"广电云"平台存储容量大、处理速度快、安全性能强的优势，整合处理从政务云所得到的各厅局政务数据资源，通过云计算、大数据、人工智能等新技术，有针对性地开发城市大脑、智慧交通、雪亮工程、网上办事等惠民应用，增强"广电云"平台的竞争力、生命力。

（三）打造智慧村级综合服务中心

利用实施"壮美广西·智慧广电"工程，实现广电网络行政村全覆盖、通达村级综合服务中心的契机，借鉴江苏省广电有线信息网络股份有限公司开展新时代文明实践中心建设的经验，发挥村级综合服务中心的作用，开发全民参与、精准传播、深受群众喜爱的应用，调动各级群众对广电应用服务的参与度、喜爱度、满意度，打通广电网络服务"最后一公里"。

（四）积极开展物联网技术的研究和应用

利用广电网络机顶盒进入百姓家庭的天然优势，将机顶盒打造成为智能网关，成为智慧家庭物联网的信息交互处理中心，将具备智能网关功能的机顶盒变成百姓家庭生活中的刚需产品，增加机顶盒的功能应用，提高用户对广电网络的黏着度。

三、未来广电网络技术模式的思考

广电网络的发展正处于爬坡过坎、转型升级的关键阶段，再加上广电获得 5G 牌照，未来广电网络的技术模式是我们思考的重中之重。

（一）有线光纤到户技术

目前有线光纤到户技术主要有 I-PON（搭配 EPON）和 GPON 两种模式。I-PON 是基于广电网络基础特性的一种技术，保留了一个 10G 广播通道，广播电视与宽带互联网信号分别走独立通道；GPON 则是目前电信运营商为解决宽带互联网传输带宽而选用的一种全交互的技术。

若选择 I-PON 技术对广电网络进行光纤到户升级改造，改造成本较小，可以满足未来多套 4K 超高清电视节目播发的需求，但存在着网络上下行带宽不均衡、上行带宽不足的问题，不能满足未来互联网技术 CDN 前移、物联网技术发展对上行带宽的需求，且会导致用户终端仍为广电特有终端，不与现有互联网终端兼容。

GPON 是一种全交互的技术，若选择 GPON 技术对广电网络进行光纤到户升级改造，要抛弃传统广播式技术，将导致改造成本巨大，且存在与运营商网络同质化竞争的问题。如需要播发多套 4K 超高清电视节目，可能还要对网络进行进一步升级改造，需要更大的投资成本。

目前国内有吉林、黑龙江、深圳、安徽的网络公司使用 I-PON 技术，贵州的网络公司使用 GPON 技术，其他地区的网络公司均在观望。选择广电网络光纤到户的技术模式关系到广电网络未来长期发展，关系到广电网络未来的技术架构、业务开发、竞争能力，需要我们进一步思考、调研。

（二）物联网组网技术

物联网的无线通信技术主要分为两类：一类是 Zigbee、Wi-Fi、蓝牙、Z-wave 等短距离通信技术；另一类是 LPWAN（Low-power Wide-Area Network，低功耗广域网），即广域网通信技术。LPWAN 又可分为两类：一类工作于未授权频谱下，代表为 LoRa；另一类工作于授权频谱下，支持的 2/3/4G 蜂窝通信技术，代表为 NB-IoT。

LoRa（Long Range）是美国 Semtech 公司采用和推广的一种基于扩频技术的超远距离无线传输方案，主要由终端（可内置 LoRa 模块）、网关（或称基站）、服务器和云四部分组成，应用数据可双向传输。NB-IoT（Narrow Band Internet of Things，NB-IoT，又称窄带物联网），是由 3GPP 标准化组织定义的一种技术标准，是一种专为物联网设计的窄带射频技术，是全球主流通信运营商支持的标准技术。

一般地，LoRa 在城市中无线通信距离范围是 1—2 公里，在郊区无线通信距离最高可达 20 公里。NB-IoT 的无线通信距离是 15 公里，室内环境的信号覆盖相对要好。LoRa 模块的总体成本在 8—10 美元，约为 NB-

IoT 等蜂窝 LTE 模块价格的一半。NB-IoT 网络的复杂性高，知识产权相关费用更高，总成本高，再加上 NB-IoT 是基于现有运营商的蜂窝移动通信网，部署不够灵活，因此目前国内的广电企业普遍倾向于使用 LoRa 技术组网，比如华数集团使用 LoRa 技术在杭州某小区搭建了智慧社区。然而 LoRa 是美国 Semetch 公司的私有协议，只有 Semetch 一家公司提供芯片，难以实现面向未来长期的技术演进；且 LoRa 基于非授权频谱，干扰等因素不可控，工信部无线电管理局也一直没有给 LoRa 终端发放频率许可证。NB-IoT 是面向 5G 的物联技术，广电企业若使用 NB-IoT 也面临着与运营商同质化竞争、建设成本更高等问题。

目前成都米风感知科技有限公司也提出了一种 MiWind（米风）物联网组网技术，也自主研发了相关通信芯片，开展了一些智慧农业方面的应用，在国家广电总局举办的一些技术论坛也介绍过该技术，但该技术存在着成熟度不明、产业链条不够大的问题。

在短时间内，NB-IoT 和 LoRa 应该会并行，各有优点、各有缺点，很难说谁压倒谁，至于我们采用何种技术组建低功耗广域物联网，仍需进一步观察、思考、调研。

2019 年"壮美广西·智慧广电"
数字广西"广电云"村村通户户用工程

课题负责人：朱日荣　李庆楠

责任人：利让贤　覃黔宁　韦泽华

一、广西智慧广电发展概况

截至 2018 年年末，广西共有 85 个市县、1118 个乡镇、14335 个行政村、182078 个自然村。广西广电网络公司有线电视自 2005 年启动数字化整体转换以来，已经完成了全区乡镇以上城乡有线电视数字化，建成了全国第一个省（区）、市、县、乡、村五级贯通的广播电视传输网络，广西有线数字电视用户 500 万户、宽带用户 110 万户。自广电网络整合和有线电视数字化转换以来，自治区党委、政府统筹协调，多渠道投入资金，累计投资约 60 亿元，进行农村广播电视网络建设，目前广西 1118 个乡镇已经全部实现光纤联网，14335 个行政村已联网 12146 个，联网率 85%。在自治区党委宣传部、原自治区新闻出版广电局主导下，"广电云"平台初步建成并开始试运营。广西广电网络公司依托"广电云"平台，启动了"壮美广西·智慧广电"数字广西"广电云"村村通户户用工程，推出了智慧"广电云"发布系统，开发了智慧社区、智慧乡村、智慧酒店、智慧校园、智慧养老等一系列应用产品，为各级党委、政府、企事业单位和广大老百姓提供宣传文化、政务村务民生信息发布、基层综合治理、社区公共服务、居民智慧家庭应用等多功能服务，初步构建了公共管理互动化、信息服务个性化、社区服务便捷化、居家生活智能化的服务新体系。

二、创新做法与实践

（一）项目启动过程

2018年恰逢广西有关部门正在研究制定数字广西建设的发展战略，编制系列文件，广西"广电云"村村通户户用工程项目得以纳入数字广西建设的总体布局中，2018年8月29日发布的《广西壮族自治区人民政府办公厅关于印发数字广西"广电云"村村通户户用工程三年攻坚会战实施方案（2018—2020年）的通知》（桂政办发〔2018〕98号），成为数字广西建设"1＋13"系列文件之一。

2018年11月22日，国家广电总局在贵州召开全国智慧广电现场会，会议提出实施智慧广电工程建设的要求。会后自治区广电局积极谋划，提出了实施"壮美广西·智慧广电"工程的设想。2019年1月26日，在广西壮族自治区第十三届人民代表大会第二次会议上，自治区主席陈武在政府工作报告中提到启动"壮美广西·智慧广电"工程。

2019年2月15日，自治区重大项目建设推进领导小组办公室、自治区发展和改革委员会将数字广西"广电云"村村通户户用工程纳入《2019年第一批自治区层面统筹推进重大项目建设实施方案》。

2019年4月15日，《广西壮族自治区人民政府办公厅关于印发"壮美广西·智慧广电"工程实施方案的通知》（桂政办发〔2019〕37号），数字广西"广电云"村村通户户用工程成为"壮美广西·智慧广电"工程四大类10个工程项目之一。数字广西"广电云"村村通户户用工程是数字广西建设的一部分，也是"壮美广西·智慧广电"工程的重点工程。

2019年4月29日，自治区人民政府召开"壮美广西·智慧广电"工程建设工作电视电话会议。5月6日《自治区"壮美广西·智慧广电"工程领导小组办公室关于印发2019年"壮美广西·智慧广电"数字广西"广电云"村村通户户用工程建设实施方案的通知》（桂广智发〔2019〕1号），标志着"壮美广西·智慧广电"数字广西"广电云"村村通户户用工程正式启动。

（二）创新实践

1. 建立工作推进机制。广西壮族自治区成立了由黄俊华副主席任组长的"壮美广西·智慧广电"工程领导小组，统筹推进全区智慧广电工程工作。领导小组办公室设在自治区广电局。全区各市、县（市、区）分别成立工程领导小组，全区联动，合力推进。自治区办公厅印发《2019年"壮美广西·智慧广电"数字广西"广电云"村村通户户用工程建设实施方案》，细化年度目标任务、进度安排和资金预算。

2. 健全长效机制。各级工程领导小组切实发挥职能，建立联席会议、问效追责等制度，解决工程施工中线路挂杆、机房建设等问题。将"壮美广西·智慧广电"工程纳入设区市绩效考核和创新争优体系，形成各级党委、政府组织实施，各有关部门各负其责，社会广泛参与的良好局面。

3. 协调地方各级党委、政府和有关部门把智慧广电建设项目纳入当地经济社会发展和文化改革发展规划，要求各市县根据实际，成立工程领导小组，制定实施方案落实配套资金政府补助及群众自筹比例标准。

4. 组织行政村光缆建设大会战、进村入户专项行动，2019年6月21日，召开全区"壮美广西·智慧广电"工程行政村光缆建设大会战电视电话会议，明确提出要通过为期两个月的大会战，在8月底提前完成2019年全区行政村光缆建设任务，铺设光缆21300公里，联网行政村4385个。

截至 2019 年 8 月 31 日，已完成联网 5030 个行政村，占任务的 103.6%；完成建设光缆线路 26472 公里，占任务的 124.0%，超额完成全年行政村联网任务。从 2019 年 10 月 11 日起，开展为期 82 天的以用户发展为重点的进村入户专项行动。

5. 成立专项工作组，推动业态建设。智慧广电视频会议系统、雪亮工程、看家宝等产品基本成熟，正在全区开展推广。广西数字网络图书馆（数字农家书屋）主、分平台已经上线。智慧广电·数字县域建设、智慧广电＋教育、智慧广电＋医疗以及智慧广电＋旅游等新业态也在积极开发。

三、广西智慧广电建设内容

（一）"壮美广西·智慧广电"工程建设内容

力争用 3 年时间，运用大数据、云计算、人工智能等新互联网技术构建全新的广播电视传播体系，完成从"看电视"到"用电视"的质的转变，使"壮美广西·智慧广电"工程助力推进广西脱贫攻坚工作信息化、乡村振兴产业发展数字化、村级公共服务中心智能化，更好地服务于自治区党委、政府中心工作，成为服务全区数字经济、数字政府、数字社会和民生建设的重要平台。

"壮美广西·智慧广电"工程分四大体系共 10 项主要内容。一是建设"壮美广西·智慧广电"内容生产体系。包括广西广电融合媒体云平台建设、广西高清电视发展、广播电视台智慧内容制播能力提升 3 个项目。二是建设"壮美广西·智慧广电"传播网络体系。包括数字广西"广电云"村村通户户用工程、广西应急广播建设、广西广电网络 IPv6 建设、广西广电智能综合覆盖网 4 个项目。三是建设"壮美广西·智慧广电"服务生态体系。包括广西广电大数据产业和广西智慧广电家庭项目。四是建设

"壮美广西·智慧广电"安全监管体系。主要是建设广西广播电视安全播出监管指挥调度中心和广西广播电视与新媒体监测监管云平台。

（二）智慧广电"广电云"提供服务内容

提供农村政务、雪亮工程、县乡村视频会议、新时代讲习所、农村远程医疗、广西数字网络图书馆、全民阅读、应急广播、八桂先锋平台、公平教育平台、广电融合媒体云平台等政务服务，承担、叠加政府的职能服务，融通、下沉政府和行业的大数据应用。

1. 雪亮工程。雪亮工程是以县、乡、村三级综治中心为指挥平台、以综治信息化为支撑、以网格化管理为基础、以公共安全视频监控联网应用为重点的群众性治安防控工程。平台具备实时监控、视频回看、一键报警等功能，通过广电机顶盒、手机等终端，实现让广大群众在家中看视频监控，共同参与到社会治理中来。同时有效推进综治维稳工作向基层末端延伸，切实解决农村地区治安力量不足的问题，从而促进社会持续平安稳定。

2. "八桂先锋"平台。"八桂先锋"平台是自治区组织部为适应中组部关于加强党建信息化建设的新要求，联合广西广电网络公司，依托智慧"广电云"平台共同推出的智慧党建平台。平台聚合了全国、自治区、市、县四级丰富的教学资源内容，是贯彻落实中组部提出持续推进远程教育进机关、进企业、进社区、进高校、进两新（新经济组织和新社会组织）组织，实现"党组织建到哪里，远程教育就要延伸到哪里"目标要求的有效载体。

3. 新时代讲习所。新时代讲习所依托广电数字电视机顶盒以及"广电云"平台，用特色鲜明、贴近群众的宣讲方式，深入解读习近平新时代中国特色社会主义思想、党的十九大精神以及党和国家的重大方针政策等，真正打通党的新理论和新政策有效传播给农民百姓的"最后一公里"。

同时新时代讲习所汇聚了各类与农民生产生活有关的内容信息，大力宣传党的富民政策、法律法规、艰苦创业精神、传统美德和社会公德，有针对性地加强对农村劳动力素质培训，提供创业、就业服务，全面助力乡村振兴，成为凝心聚力的大阵地、脱贫富民的大讲堂、稳步小康的大本营。

4. 广西数字网络图书馆。广西数字网络图书馆是集阅读、有声书、学习视频、图书购买、云书架、多屏互动于一体的多元化数字电视网络图书馆。该平台不仅为用户提供拥有永久版权、可免费阅读的百万册图书资源，数万集有声读物、视频、音频资源；还为用户提供广电自主开发、具有广西特色的音频、视频内容。广西数字网络图书馆的最终目的是基于有线电视网络实现全民阅读，不断提高全民的精神文化需求，丰富家庭用户的文化娱乐生活。

5. 广电视频会议。广电视频会议平台是一套可运营管理，MCU（多媒体信息智能交换终端）软件化、虚拟化、云端化的智能型视频会议平台。该平台能满足政府、企业和其他客户群体的个性化、定制化的视频会议需求，具备完善的业务管理能力、系统管理能力和客户管理能力，具有良好的拓展性、兼容性、安全性，能够支持多个集团客户以多样化分组方式召开交互式视频会议。

6. 广电融合媒体云平台。广电融合媒体云平台是结合云计算、大数据等技术建设的广西广电融合媒体专属云，为政府、企事业单位、新闻媒体、高校等提供新闻、政务、数据分析服务。广电融合媒体云平台拥有网络＋平台＋大数据模式和丰富的媒体业务应用流程定义引擎，构建"采编融合、内容汇聚、多渠道传播、多终端一体化、多屏互动"的运营模式，成为集媒体产品汇聚、管控、发布、服务的平台。

7. 智慧旅游。智慧旅游是广西广电网络公司结合地理信息技术、大数据技术以及创新应用技术等，面向游客以及旅游管理单位、景区等打造的数字化智慧旅游综合信息服务平台。平台通过将景区基础信息化系统进行建设、完善和升级，使各个独立的基础信息化系统进行互联互通，排除信息孤岛和系统单点，为游客提供详细的智慧旅游综合信息服务；通过搭建综合管理系统平台，为旅游管理单位、景区等提供精细化管理、精准化应用和精致化服务。

8. 智慧医院。智慧医院是广西广电网络公司利用互联网技术、数据融合传输交换、云计算、视频传输互动、直播录播、人工智能、传感技术等高新科技打造的智慧医疗综合信息服务平台。该平台以"医疗云数据中心"为核心，通过打造健康医疗信息平台，利用最先进的物联网技术，实现患者与医务人员、医疗机构、医疗设备之间的互动，逐步达到信息化，并在此基础上进行智能决策，使医院的服务走向真正意义的智能化，实现医疗服务最优化。

9. 智慧消防。智慧消防是广西广电网络公司采用"感、传、知、用"等物联网技术手段，综合利用 RFID（射频识别）、无线传感、云计算、大数据等技术，通过互联网、无线通信网、专网等通信网络，对消防设施、器材、人员等状态进行智能化感知、识别、定位与跟踪，实现实时、动态、互动、融合的消防信息采集、传递和处理的综合服务平台，通过信息处理、数据挖掘和态势分析，为防火监督管理和灭火救援提供信息支撑，提高社会化消防监督与管理水平，增强消防灭火救援能力。

10. 智慧教育。智慧教育是在教育部《教育信息化十年发展规划（2011—2020 年）》大力倡导"三通两平台"建设的背景下和社会积极普及公平优质教育市场环境下应运而生的。广西广电网络公司借助覆盖全区的网络优势，依托智慧"广电云"平台，通过"有线＋互联网＋教育"的模式，推出能实现"有线数字电视大屏＋移动客户端＋PC 端"三屏呈现的、涵盖教育管理和学习模式的互动教育产品。产品的潜在市场重点面向学龄前、义务教育和普高教育，以"激发·成就亿万青少年"为发展愿景，以促进教育改革发展、惠及教育民生为目的，为广西构建一个管理者、教师、家长、学生、社会公众及第三方服务随时参与的智慧教育环境，打造"互联网＋教育"生态圈。

11."看家宝"。"看家宝"产品是广西广电网络公司为了解决用户对家庭财产领域及亲人安全的担忧推出的家庭智慧安防平台。"看家宝"为用户提供一站式的家庭安防服务，包括家庭实时监看，家庭视频通信，"广电云"存储视频回看服务，车库、果园、院落等个人财产领域的监控服务，基于与物业联动的一键报警及保险理赔服务。

12.小象互动。小象互动是广西广电网络公司依托广播电视双向网络，以"广电云盒"和移动终端为载体，为用户提供视频点播、生活娱乐、电子商务等服务的综合信息服务平台。小象互动平台为用户提供超过75套的直播电视服务、4K超高清频道直播服务、7×24小时电视回看服务、3×24小时时移电视服务、有线宽带服务、无线Wi-Fi服务、双向互动视频点播服务（包括腾讯视频、优酷TV、芒果TV、搜狐视频、华数TV等国内各大视频平台内容，以及《健康老友道》《私家车930》等广西本地类视频节目）和电子商务、政务服务等综合信息服务。

13.智慧医疗。智慧医疗是广西广电网络公司运用"互联网＋医疗"技术，通过汇集全国及自治区内各级医疗资源，为用户在疾病预防、紧急救助、发现治疗方面提供全程、专业、个性的"家庭医生"式服务的平台。

14.应急广播。应急广播是在广电大数据云基础上采用DVB-C、IP（TS）、DTMB、FM、4G移动通信网络等五种网络模式组成的全数字系统平台。平台自身可实现市、县、乡、村四级信息的发送、处理、传输、监控、管理，系统是依照2017年11月原国家新闻出版广电总局发布的《全国应急广播体系建设总体规划》与广西实际情况而设计，并已实现国家、省（区）、市、县、乡、村六级联网，通过有线数字电视联网可达到全区行政村全覆盖。终端以数字电视机顶盒（带小喇叭）、收扩机（高音喇叭）、接收音柱、室外大喇叭、收音机、室外 LED 显示屏等为主，接收文字、图片、语音、视频形式的灾情通报、灾害预警、抗震指导和政策宣传等的信息。平台能按照点对点、点对多点、按区域、按集团号、分级别、多区域等多种灵活的广播发布方式，真正实现全时段、全天候、全方位、调度灵活、指挥便捷、快速准确、安全可靠的发布权威应急信息，有效提高政府应对各类突发事件中的信息采集能力、信息发布能力、广播电视监测能力、应急安全播出能力、决策指挥调度能力，最大限度减少社会公共资源和人民群众生命财产损失，最大程度确保人民群众生命和财产安全。截至 2019 年 10 月 12 日，全区 2 个县、28 个乡、299 个村已完成光纤联网开通应急广播。

四、争取到的政策支持

1. 政府主导。自治区人民政府成立"壮美广西·智慧广电"工程领导小组，办公室设在自治区广电局，自治区广电局督促指导和统筹调度。各市、县（市、区）相应成立数字广西"广电云"村村通户户用工程建设推进工作领导小组，及时协调解决工程建设中的困难和问题，强力推进工程建设。县级人民政府是数字广西"广电云"村村通户户用工程的责任主体，制定具体实施方案，明确目标任务和完成时间，确保按期完成本级用户发展任务。广西广电网络公司及其所属各级分公司是"壮美广西·智慧广电"工程实施主体。

2. 落实职责。各级人民政府召开工程建设启动动员大会，举办"壮美广西·智慧广电"工程建设专题学习培训班，定期或不定期开展项目推进协调工作；各级地方人民政府给予广西建档立卡贫困户"广电云"基本服务费兜底补助，共补助两年；各市、县（市、区）人民政府负责协调处理项目建设过程中过桥、过路、过隧道、过村寨、过农（林）地以及青苗减赔等问题，完善乡镇配套广电基础设施，对乡镇广播电视综合服务站（面积不少于 25 平方米）和乡镇级、村级机房（面积不少于 15 平方米）等业务用房提供支持；自治区广电局会同各市、县（市、区）人民政府，按照有关政策法规，整治、整合私人有线电视网络。广西电网公司、广西农村投资集团和各地方电网公司为工程建设中部分线路挂杆、挂缆提供免费或必要支持；自治区高速公路管理局对广西广电网络公司租赁高速公路管道建设干线传输网络等事项给予倾斜支持；自治区文旅厅对智慧广电网络接入村级公共服务中心提供必要的支持。

3. 资金支持。自治区财政补助工程建设 6 亿元，分三年发放到位。市、县财政和有关部门整合相关政策资金，按"政府贴一点、受益群众交一点"的方式，采取政府购买服务或政府补助方式，以 400 元/户为标准向群众提供基本服务。

4. 绩效考核。将智慧广电建设列入自治区设区市绩效考核和自治区本级绩效考核。

5. 协调业态创新工作。自治区大数据发展局负责指导数字广西"广电云"开发应用，协调相关单位对广西广电网络公司构建数字广西"广电云"综合服务体系予以配合和支持，推动数字广西"广电云"在政务、党建、文化、社保、医疗、教育、金融、商务、旅游、全民阅读、雪亮工程、农村远程医疗、农村远程教育、应急广播等领域的智慧应用和服务。

五、启示经验与政策建议

实施"壮美广西·智慧广电"数字广西"广电云"村村通户户用工程，是一项政治工程、创新工程、民心工程、合作工程。

"壮美广西·智慧广电"是政治工程，是贯彻落实中央建设网络强国、数字中国、智慧社会的战略部署，更好地服务党和国家工作大局的自觉行动，是顺应现代信息技术变革趋势、加强广播电视意识形态阵地建设管理的创新工程，是满足人民日益增长的美好生活需要的民心工程。无论是光纤架设、业务平台建设、业务内容扩展、销售维护等，都需要各级政府、有关单位和企业、受益群众多方合作，是合作工程。

1. 强化顶层设计，指明发展方向。自治区党委、政府高度重视智慧广电工作。自治区党委书记鹿心社在全区兴边富民工作会议上对广西边境地区广播电视和信息通信基础设施建设进行部署。自治区人民政府把"壮美广西·智慧广电"工程纳入政府工作报告，组建工程领导小组，提出了10项主要任务，并纳入设区市绩效考核，为基层开展工程建设指明了方向。2019年7月11日，广西壮族自治区人民政府在北京与国家广电总局签署了《关于加快广西广播电视发展的合作框架协议》，在"壮美广西·智慧广电"工程建设等方面，共同推动广西广播电视高质量发展，掀起了"壮美广西·智慧广电"工程建设热潮。

2. 密切结合广西实际，构建"壮美广西·智慧广电"四大体系。

（1）突出"建、用、融、管"，助力数字广西建设。"壮美广西·智慧广电"工程围绕"建、用、融、管"四个重点环节加强与数字广西战略的衔接。"建"就是突出抓好广播电视基础设施建设工作，加快建设广电智能综合覆盖网，推动大数据、人工智能、物联网、IPv6、5G等新技术与智慧广电的融合应用。"用"就是把智慧广电的成果充分运用到广西经济社会发展各方面各领域，打造一批高质量数字民生服务产品，满足人民对美好生活不断增长的个性化、多样化需求。"融"就是在生态建设上下功夫，构建智慧广电生态体系，服务融媒体中心建设。"管"就是建立健全智慧广电数字监管体制机制，为智慧广电的"建""用""融"提供保障。

（2）补齐公共服务短板、助力脱贫攻坚。把极度贫困地区、边远山区和边境地区作为"智慧广电"工程实施的重点，从网络覆盖、信息内容、电商平台、生态旅游等方面着手，加快建立"广电云"公共文化服务体系，助力精准扶贫、精准脱贫和乡村振兴。

（3）推动媒体融合、培育发展新动能。2019 年，实现广西广电融合媒体云平台覆盖全区 14 个地级市、71 个县（市），支撑全区县级融媒体中心业务正常开展，推动传统媒体和新媒体深度融合。目前，广西广电融合媒体云平台已为 48 家县级融媒体中心提供技术服务。

（4）加强督促检查、考核奖惩。组织调研组分赴全区开展调研座谈、实地勘察，实地调研基层干部群众对智慧广电工程的实际需求，广泛听取意见建议，总结工作经验，整改存在问题，不断优化智慧广电工程建设内容。设红黑榜，对完成目标任务好的责任单位、成绩突出的人员，予以通报表彰；对未完成目标任务且有责任的单位，予以通报批评，并作为今后评优评先的依据。

（5）发挥区位优势、拓展合作空间。建设中国—东盟网络视听产业基地，着力打造具有集聚效应和示范效应的网络视听产业链。华为、科大讯飞、上海文广等近 20 家高科技企业已签约入驻中国—东盟网络视听产业基地，在智慧城市、小语种数据应用、5G 应用、4K 内容等领域与广西开展广泛合作。"一带一路"建设和中国—东盟强大的经济动能将为"壮美广西·智慧广电"工程带来更广阔的发展空间。

3. 担当实干，强化落实。

（1）坚持统一领导，集中发力。在自治区党委、政府统一领导协调下推进工程建设，加强与各级党委、政府的沟通汇报，加强同宣传、财政、文旅等部门的沟通协调，争取资金政策支持，抓好工作落实和政策落地，形成上下联动、左右互动、同频共振的工程建设格局，合力推动智慧广电工程高质量创新性发展。

（2）坚持服务民生，服务群众。把极度贫困地区、边远山区和边境地区作为智慧广电工程实施的重点，深入一线开展调研，开发事关群众切身利益，能增进群众获得感、幸福感、安全感的智慧广电业态，结合深度贫困地区应急广播服务体系建设、无线发射台站建设和直播卫星公共服务工作，加快建立"广电云"公共文化服务体系。

（3）坚持创新驱动，长效发展。把智慧广电主动融入广电 5G 发展大局，以社会治理创新、数字广西建设等作为突破口，推动大数据、人工智能、物联网、IPv6、5G 等新技术与智慧广电的融合应用，持续提升广电网络价值，真正把"广电云"建成综合性服务主体，长效服务。

（4）坚持问题导向，克难攻坚。建立问题清单，对准差距抓整改，着力攻克智慧广电工程中的难点焦点问题。对标对表区内外先进单位和同行，以刀刃向内的自我革命精神，认真检视反思，明确努力方向和改进措施，以更加饱满的热情、昂扬的斗志、优质的服务将"壮美广西·智慧广电"工程推向深入。

附件：智慧广电成长项目

案例一：

广西广电融合媒体云平台项目

一、项目基本情况

广西广播电视信息网络股份有限公司在自治区党委宣传部的统一规划和自治区广播电视局统筹协调下，依托大数据、云计算、移动互联网等新技术新理念，创新采用"媒体私有云＋广电专属云＋互联网公有云"的模式开展建设融合媒体云平台。即由广西广电网络负责专属云、公有云部分的建设，由广西广播电视台负责制播私有云部分的建设。该平台立足于服务广西区、市、县三级的全区性的生态级融合媒体云平台。目前云平台已具备融合媒体指挥调度、新媒体"中央厨房"、融合发布、互联网直播、统一内容平台、综合服务接入、大数据分析、云计算等服务能力。

广西广电融合媒体云平台是服务于广西各级媒体单位的全区统一的省级融合媒体云平台。平台以创新媒体传播手段和服务方式，构建媒体服务政府、社会、民生的现代传播体系，向全区各县（市、区）融媒体中心提供云服务。平台支撑传统媒体向新媒体的深度融合，助力区域媒体形成合力，实现统一管控的"融""合""管"一体化服务。广西各县级融媒体中心在"一张网"内整合资源、联合业务，积极投入融媒体内容创作生产，推出了一批现象级融媒体产品，形成了一批有影响力的新媒体品牌，培养锻炼了一批全媒体人才，广西新闻舆论工作气象一新，县级媒体融合驶入了快车道。

二、创新做法与实践

广西广电融合媒体云平台采用"媒体私有云＋广电专属云＋互联网公有云"的方式进行建设，采用"平台＋工具＋服务"的技术框架，通过稳固的平台加灵活的应用工具以及优质的服务，搭建起一套符合未来发展方向的业务系统。其亮点和功能如下：

1. 以省级平台为依托，服务各级媒体单位。为了避免形成区域孤岛，广西广电网络公司发挥"网络＋平台＋大数据"的优势，建设广西广电融合媒体云省级平台，实现"广电网络搭台、媒体机构唱戏"的目标，让媒体单位"拎包入住"、内容生产"借船出海"；同时接受媒体的特殊定制需求，提供个性化服务。各级媒体单位通过省级融媒体平台进行交互，做到上通下达，利于区域媒体生态的形成。

2. 建设统一指挥、策划中心。为满足融媒体中心对整体业务流程的可视化展现，让记者人员能够进行快速通话，让指挥报道、选题策划实现互联网化、无纸化、流程化，本项目还建设了统一的大屏指挥报道平台进行台内的生产业务的可视化展示（选题策划、生产力业务数据等），帮助融媒体中心衡量和分析业务流程的性能，通过可视化的流程和数据找出业务流程关键问题，有利于提高业务流程和生产过程的速度、质量以及效率。

3. "中央厨房"式统一内容平台。融合媒体将大量信息进行分类、整合，使纸媒、移动媒体、广播电视媒体与网络新兴媒体等传统与新媒体形态融合成一个庞大的媒体资源聚集地，从而形成统一的内容库，信息的采编与发布可同时在台内所有媒体中进行一体化运作。采用分布式技术和一致性 Hash 技术增强系统中业务数据的安全性：系统中数据丢失时，副本数据能够源源不断地补充供用户使用；去中心化的设计使得服务器故障时，其他服务器能够自动分摊故障服务器的任务为系统提供服务，以此保证计算、数据库和存储的安全性。

4. 内容汇聚手段多样化。为丰富各级媒体的新闻素材，广西广电融合媒体云平台搭载了多种汇聚工具来对各类素材进行汇聚，确保融媒体中心各素材来源的渠道均畅通。

5. 内容发布系统 CMS——实现一稿多发。广西广电融合媒体云平台生产的内容可以通过内容发布系统一键快速推送至融媒体中心现有 App 发布端及微信、微博、今日头条等新媒体平台，保证了融媒体中心制作的内容第一时间向各大新媒体平台传播，及时传达政府的声音。

6. "移动优先"和"一云、多平台、众产品"的融合媒体生态架构。广西广电融合媒体云平台搭载的 App"工厂"跨越广电专网、移动通信网、固定宽带互联网等多网络，模块化生产本地移动新媒体 App，搭建本地移动新媒体 App 传播矩阵，构建新闻内容发布、视听节目汇聚、智慧广电应用的移动媒体传播覆盖体系。同时本地 App 能与各级政务与公共服务平台的对接，通过"媒体＋政务＋民生"服务，让各级融媒体中心成为各县党委、政府提供有效宣传报道、党员教育、政务服务、信息发布、创业惠民和基层综合治理的综合枢纽。

7. 互联网云直播及点播能力。为媒体提供各种事件、活动的互联网云直播能力的服务，提供专业互联网直播、导播设备，完成现场制作分发。

8. 大数据舆情分析、处理和分发预警。为各级媒体提供舆情监控、热点事件脉络分析、互联网传播渠道分析、用户行为分析、广告精准推送等大数据功能，帮助媒体内容找到有需求的用户，帮助用户找到喜好的内容，从而提升媒体云传播力、引导力、影响力、公信力。

9. 信息安全保障服务及平台运维。为各级媒体从物理设备、网络、平台、应用和数据安全方面提供全面保障。广电融合媒体云平台已经通过信息系统安全等保三级认证，满足国家规范《县级融媒体中心网络安全规范》中的安全要求，为各级融媒体中心提供可靠的安全保障服务。全区各融媒中心通过广电专网进行连通，处于与互联网隔离的专网环境下，保障传统业务的安播要求；通过省平台三级等保平台，实现传统专网与互联网内容打通，各县融媒体互联网出口基于省平台三级等保平台之下，不需要再额外增加安全设备，节省费用。

三、目前应用情况

目前，广西广电融合媒体云平台已为 13 家地市级媒体和 48 家县级融媒体中心提供接入服务。通过组织接入单位集中培训，各单位对融合媒体云平台所具备的能力和提供的服务有了全面了解。接入单位都已运用云平台的云端"中央厨房"、融合信息中心和 App "工厂"等核心能力生成出新的 App 客户端或更新原有客户端，并丰富了客户端运营内容。其中，接入时间较早的来宾市广播电视台——来宾 TV 客户端制作的《来宾早安》栏目，已成为当地干部群众一道丰盛的咨询早餐，该台正准备推出《来宾晚安》栏目。北海市电视台则运用专属云平台云直播服务能力，进行了环广西自行车赛北海站及唱响北海等活动直播。

广西广电融合媒体云平台的应用典型的例子是宾阳融媒体中心，宾阳融媒体中心通过入驻广西广电融合媒体云平台，利用云平台提供的指挥调度、内容汇聚、内容生产、多渠道发布、大数据分析等融媒体技术服务，对接传统媒体生产流程，将传统媒体生产传播渠道纳入融媒体传播矩阵，实现整合电视台、报社、门户网站、官方微博、微信公众号等的资源。宾阳融媒体中心通过构建现代融合传播体系，将传统媒体与新兴媒体深度融合，提升运行效能和服务效能，同时将各镇、各部门各单位现有的新媒体融入融媒体中心媒介矩阵，不断丰富融媒体内涵，开展更加丰富的线上线下活动，活动直播总点击量已超过 60 万次，增强了自我造血能力。宾阳融媒体中心承载了区域理论宣传、新闻制播、政务服务等重要职能，积极传播宾阳声音、讲好宾阳故事，着力打造新闻传播、舆论引导、便民惠民、政务发布、智慧城市等功能。宾阳县融媒体中心的成功经验可在全区其他地区进行复制、推广。

四、成长空间与发展前景

建设广西广电融合媒体云平台既响应了党中央号召，又顺应了媒体发展趋势，符合自治区媒体行业发展战略，建成后能够突破广电行业发展瓶颈，促进产业跨界融合，建设产业发展生产链，实现产业良性循环，具有非常大的政治效益、社会效益、经济效益。广西广电网络公司依据现阶段融媒体建设的工作经验，制定出下一步帮助各级媒体融合向纵深发展的重点创新空间。

1. 建设综合服务平台。利用"壮美广西·智慧广电"数字广西"广电云"村村通户户用工程，通过应急广播基础设施建设，推进各地融媒体中心、新时代文明实践中心和新时代讲习所的同步实施，构建各地县、镇、村、户"统一管理、四级贯通"的党建教育、政务信息发布平台。

2. 打造社区信息枢纽。打通各地融媒体中心与有线电视平台的信息发布，打通融媒体中心与当地公共大屏、电子围栏等公共设置的信息发布，真正实现信息统一管理，同步发布，线上线下全覆盖。

3. 站稳主流舆论阵地。利用公司有线电视播出和互动点播平台和大数据信息服务能力，建设广西新闻交换平台，实现各地新闻内容的拆条上云，挂牌共享，帮助各地自制新闻内容的交换共享，融通使用。

4. 加强对县级融媒体单位的运营之道。通过与区内、国内主流媒体进行合作，引入运营合作伙伴为各地县级融媒体中心提供运营服务，打造县级融媒体中心"媒体＋"功能。各级融媒中心不仅仅是新闻信息发布中心，更是一个多元化的服务中心，向上服务于政府，进行属地信息收集、分类、发布，同步推动应急广播、新时代文明实践中心、新时代讲习所建设，支撑党建教育，提供公共信息发布预警等服务；向下服务于百姓，充分发挥媒体宣传优势，树立当地文化品牌，支撑当地进行文化宣传、土特产推广、旅游线路策划推荐，支撑当地群众扶贫创业，提供政务服务、惠民服务。

案例二：

广西数字网络图书馆（数字农家书屋）项目

一、项目简介

广西数字网络图书馆（数字农家书屋）项目坚持正确政治方向，坚持守正创新、协调、绿色、开放、共享的新发展理念，依托数字广西"广电云"服务平台，充分发挥有线广播电视内容资源优势、多屏优势、传输优势，搭建现代化、智能化的包含图书、视频、音频等内容资源的文化服务平台；同时将全区15143个实体农家书屋升级为"数字农家书屋"，广西数字网络图书馆（数字农家书屋）内容信号直接推送到城市和农村有线数字电视双向用户家中，助力和完善加快构建现代公共文化服务体系，满足人民群众对美好生活的新需求。

二、项目创新型及先进性

1. 实现广播电视网络与大数据技术的优势融合。

2. 建立统一的大数据资源库，提供基础数据支撑。

3. 开发多终端应用，优化阅读、观看、收听体验。

4. 建立省—市县—用户的三级服务体系，实现资源精准分发。

5. 打造后台管理系统，优化资源结构及管理模式。

6. 利用大数据对用户行为进行智能分析，实现个人用户智能推荐。

7. 开发系列延伸服务，满足用户多元化需求，提升平台服务效能。

三、融合思路

融合领域：大数据促进和改善民生，助力和完善现代公共文化服务体系。

融合思路：契合国家"互联网＋"行动战略和数字广西要求，发展"互联网＋文化"。依托有线数字电视传输网络和"广电云"大数据平台，融合大数据技术，构建搭建现代化、智能化公共文化服务平台，形成兼容纸图书、视听读物、影视作品等内容的新型阅读阵地，并对全区所有实体农家书屋进行数字化升级和数字图书馆信号覆盖，实现公共文化设施互联互通和资源共享。

四、转型升级效果和示范意义

广西数字网络图书馆（数字农家书屋）项目是自治区"壮美广西·智慧广电"工程中的标杆项目之一，对加快补齐贫困地区公共服务基础设施短板、筑牢意识形态阵地、推动精准脱贫各项工作具有重大作用。项目符合行业技术发展方向，为新业务和新模式开展提供基础，符合国家战略，符合国家对强化网络信息安全和文化安全监管的总体要求。项目依托有线数字电视传输网络和"广电云"大数据平台，拥有大规模用户群体，可为群众提供更快捷、更方便、全方位、全时限的数字阅读服务，从而突破时间、空间的限制，有效促进全民阅读。同时项目将传统媒体与新媒体相融合，打造数字文化产业链，不仅提升全民文化发展，更为传统文化产业（出版社、发行方、影视制作等）带来新业态，共同实现公共化服务带动产业化运营，产业化运营反哺公共化服务。项目有着广阔的市场前景和可观的经济、社会效益，将更好地满足人民文化生活需求，提高数字信息服务民生、服务经济社会发展的能力。

广西广播电视产业发展调研报告

课题负责人：朱日荣

责任人：邓　建　莫筱华

为贯彻落实自治区副主席黄俊华关于广西广播电视产业发展的相关批示，加快广西广播电视产业发展，更好地服务广西落实"三大定位"新使命和"五个扎实"新要求，结合当前广播电视改革发展的新情况及管理的新要求，寻找广西广播电视产业发展中难点及亟待解决的突出问题，研究广西广播电视产业发展措施，推动广西广播电视产业快速发展，自治区广电局规划财务处根据《自治区广电局调研工作实施方案》的部署和要求，于8—9月就广播电视产业发展在全区开展相关的调研工作，本次调研向全区14个市及局直属单位发出了通知，收到了14篇调研报告，情况如下：

一、广西广播电视产业现状

（一）广西广播电视行业机构情况

2018年根据《深化党和国家机构改革方案》要求，在原广西新闻出版广电局基础上组建新的广西广播电视局，各级新闻出版及电影管理职责划入各级宣传部，各级广播电视台为政府直属事业单位归口各级宣传部管理，2019年全区各市县已全部完成机构改革任务。

（二）广西广播电视行业从业人员情况

2018年，广西广播电视行业从业人员17174人（含部分市、县局文旅体人员），比上年同比下降20.67%，其中：长期职工16311人，同比下降14.87%；女从业人员6357人，同比下降21.59%，占从业人员37.02%；党员6651人，同比下降6.63%，占从业人员38.73%；管理人员3196人，同比下降32.36%，占从业人员18.61%；专业技术人员9306人，同比下降14.61%，占从业人员54.19%；研究生813人，同比下降3.56%，占从业人员4.73%；本科及大专生14121人，同比下降9.39%，占从业人员82.22%。有正高级职称111人，同比下降9.76%；有副高级职称681人，同比增长4.29%；有中级职称2828人，同比增长0.39%；35岁及以下7113人，同比下降30.05%，占从业人员41.42%；36岁至50岁7481人，同比下降10.67%，占从业人员43.56%；51岁及以上2580人，同比下降16.93%，占从业人员15.02%。

（三）广西广播电视产业情况

广西广播电视产业发展缓慢，广告收入和有线电视网络收入持续下滑，广播电视实际创收收入呈下行态势。

2019年上半年，广西广播电视总收入306552.6万元（含部分市、县文旅体局的文旅体专项收入），同比下降10.96%，其中：财政补助收入167213.5万元，同比增长15.58%；行政事业单位总收入202785.12万元（含部分市、县文旅体局的文旅体专项收入），同比增长5.99%；企业单位总收入103767.48万元，同比下降8.84%。

广西广播电视实际创收收入14.63亿元，同比下降5.48%。广播电视广告收入 18778.24 万元，同比下降 32.62%，其中：广播广告收入 5654.77 万元，同比下降 6.95%；电视广告收入 12290.04 万元，同比下降 38.59%。新媒体业务收入 14715.65 万元，同比增长 59.73%，其中：交互式网络电视（IPTV）收入 11791.05 万元，同比增长 28.18%；新媒体其他业务收入 2921.64 万元，同比增长 21,670.79%。有线电视网络收入 94011 万元，同比下降 13.18%，其中：有线电视收视维护费收入 40437 万元，同比下降 6.58%；三网融合业务收入 11786 万元，同比下降 26.49%；三网融合收入中的互联网宽带接入业务收入 6701 万元，同比下降 39.56%；其他有线电视网络收入 38796 万元，同比下降 13.8%。其他创收收入 12886.25 万元，同比增长 73.65%。

二、广西广播电视产业发展存在的问题

（一）创新不够

产业发展思路不够连贯，产业发展视野不够开阔，体现广电优势的阵地仍局限于传统产业；产业创收形式单一，广告节目制作的形式不够新颖。

（二）人才缺乏

广西广播电视行业在长期的发展中，锻炼和培养了一批精良的宣传和技术人才，出色地完成各项任务。但随着广播电视行业新业态、新形势的出现，广西广播电视行业人才总量不足、结构不合理的矛盾凸显，尤其优秀的广电产业化发展的管理、策划、经营、资本运作等高素质复合型人才缺乏。机构改革后，各市县都存在着人员紧缺现象，随着业务量的增大，现有的编制已无法满足工作需求，受管理体制、激励机制约束，广西广播电视行业在工资待遇、发展平台等方面的竞争力弱，造成人才严重流失，

广播电视事业队伍面临青黄不接、新旧断层的窘境。

（三）产业结构失衡

广播电视创收收入主要是广告收入及有线电视网络收入，随着新媒体的发展，自治区层级的广播电视创收收入呈现多元化，但新的增值业务占比小；市、县层级的广播电视创收收入以广告收入为主，创收业务单一。全区广播电视行业经营创收单位以各级广播电视台和广电网络公司为主，其他机构如广西广播电视学校、影视节目制作经营机构等没有很好地发展起来。广西有 11 家持证网络视听机构，只有一家有新媒体业务收入，其余的机构收入为零。而广告收入及有线电视网络收入在近年来大幅下滑。

（四）政府扶持资金不足

政府用于广播电视事业发展的扶持资金严重不足。目前各媒体所使用的设备大部分是 10 年前甚至 20 年前采购的，已经不能适应新形势新业态的需要，广播电视设施设备更新换代速度快，且价格不菲，广电行业是典型的"高投入、高耗能"行业。近年来，因广播电视创收收入连年下滑，人力成本不断攀升，政府资金缺口大，经费缺少，各单位自身没有能力进行设备更新换代。为提高农村地区广播电视覆盖能力，自治区广电局每年都在建设乡镇无线发射台站，这些新增台站的运行维护经费却未能得到同步落实。

三、广西广播电视产业发展的措施和建议

第一，探索人才激励措施，建立科学合理的激励机制，凝聚人才，激发活力，鼓励创新，调动从业人员的积极性，盘活人才资源，激发人才创新活力。

　　第二，守正创新，拓宽视野，转变观念和思维，深耕细挖本地市场。大力培育广播电视内容市场，用广播电视媒体资源优势搭建一个集文化、教育、体育、卫生、科技、旅游等行业要素于一体的多元化、合作式、开放型平台，实现产业方面的联合联动，使广播电视产业融入全社会产业发展的大潮中，在促进相关产业发展中实现和提升自身的价值。创新广告经营模式，在融合发展领域培育新的广告经营增长点。在保住传统行业客户的前提下，开发新行业的客户，加强营销业务学习，主动介入市场竞争，拓展广告市场，增加广告创收途径，与各行业和各种社会力量合作，开拓广播电视产业经营的新局面。

　　第三，习近平总书记在致第四届中国—阿拉伯国家广播电视合作论坛贺信中指出，要"推动媒体融合发展，打造智慧广电媒体，发展智慧广电网络"。广西广播电视行业要贯彻落实好这一指示，积极争取党委、政府的支持；做好广播电视节目信号传输工作，增强节目原创能力和节目集成能力，统筹广播电视网、电信网、互联网等多种信息网络，构建广泛、互动、智能并具有信息安全保障的节目传播覆盖体系；积极利用网络资源，大力发展网络视听节目服务和综合信息服务，以融合性业务为核心，整合广播电视资源，做大做强广播电视产业。

党旗领航，实干促效，建好让党中央放心、让人民群众满意的广播电视模范机关

课题负责人：朱日荣

责任人：王韫熙　莫运超　韦于倩

2019年7月9日，中央和国家机关党的建设工作会议在北京召开。习近平总书记在会上发表重要讲话，精辟论述了加强和改进中央和国家机关党的建设的重大意义，深刻阐明了新形势下中央和国家机关党的建设的使命任务、重点工作、关键举措，对加强和改进中央和国家机关党的建设作出全面部署。习近平总书记在会上强调"只有围绕中心、建设队伍、服务群众，推动党建和业务深度融合，机关党建工作才能找准定位"。

自治区广电局作为党的宣传思想工作重要组成部门，一直以来自觉担负起"举旗帜、聚民心、育新人、兴文化、展形象"的使命任务，既要守好阵地，切实维护意识形态安全；又要改革创新，加快推动广播电视高质量发展；还要服务大局，为打赢脱贫攻坚战、全面建成小康社会、实现"两个一百年"奋斗目标提供坚强思想保证和强大精神力量。细细品读习近平总书记在中央和国家机关党的建设工作会议上的讲话，如何建设成为让党中央放心、让人民群众满意的广播电视模范机关的工作思路逐渐清晰。

一、当前自治区广电局机关党建工作现状

2019 年，自治区广电局直属机关党委下设直属单位党委 1 个（下设党总支 1 个，党支部 12 个），党支部 22 个（其中，机关各处室党支部 11 个，直属单位党支部 8 个，协会党支部 1 个，离退休人员党支部 2 个）。共有党员 626 人，其中在职党员 340 人，离退休党员 286 人，预备党员 5 人。近年来，自治区广电局机关党建工作虽然取得一定成果，但仍存在诸多不足。

1. 机构改革后部分党员对广电机关首先是政治机关认识不足。在舆论生态、媒体格局、传播方式发生深刻变化的今天，新闻舆论工作面临新的挑战，有部分党员缺少对"广电局首先是政治机关、广电工作首先是政治工作"的认识，导致内容传播的"舵"在把握上偶有偏差；机构改革后，一些党员对新时代广播电视工作的重要性和意识形态领域斗争的严峻性、复杂性、隐蔽性认识不足，不能以敏锐的政治意识和过硬的业务水平适应跟进自治区广电局在意识形态安全保障方面的管理力度；有的党员干部政治意识淡化，政治觉悟和政治敏锐性有所欠缺，没有把党的政治建设摆在首位，对机关党建发挥政治功能重要性的认识不到位。

2. 基层党支部理想信念教育不到位，党员干部政治信仰不够坚定，阻碍广播电视事业发展。党员是机关党建工作的主体，我们党是否坚强有力，既要看全党在理想信念上是否坚定不移，更要看每一位党员在理想信念上是否坚定不移。广电事业现在正处于一个"船到中流浪更急、人到半山路更陡"的时候，难点、痛点、堵点问题很多。新一轮机构改革后，一些党员领导干部对职能职责认识不足，守摊子思想明显，面对工作有畏难情绪，推动工作落实不积极不主动、不及时不到位；一些基层党组织思想政治教育工作开展不充分，用业务学习代替政治理论学习，用线上学代替

面对面学，不能做到深入推进"两学一做"学习教育常态化制度化，不能加强党员干部的党性锤炼，某些基层干部没有完全做到信念过硬、政治过硬、责任过硬、能力过硬、作风过硬；面对广电发展的严峻形势，部分党员紧迫感不足，理论学习没有完全做到学深悟透，缺乏党员应有的先锋模范带头作用，壮而无志，得过且过。

3. 党建工作落实存在偏差，广播电视系统组织建设上存在薄弱环节。党的力量来自组织，组织能使力量增倍，基层党组织是解决自身问题的主体，如果基层党组织战斗堡垒不坚强、作用发挥不好，各项工作就会大打折扣。由于思想认识和具体落实上的偏差，广电系统少数基层党组织在党建工作上仍存在薄弱环节。有些基层党组织在履行管理职责，特别是加强党员思想政治工作，开展谈心谈话、批评和自我批评，"咬耳朵、扯袖子"等方面做得不到位，不注重科学管理，缺乏全局意识，基层党组织标准化规范化建设有待加强；在履行监督职责，特别是检查通报党员参加组织生活、党日活动、按期缴纳党费、切实履行义务等方面做得不够好；在履行服务职责，特别是在加强党内关怀、帮助党员解决实际困难，有针对性地向上级党组织反映党员思想、工作、生活情况，保障党员的权利不受侵犯等方面还不全面，不能很好地发挥基层党组织的引领作用。

4. 机关工作作风不扎实，党员缺乏干事创业的信心和决心。有的干部理想信念不坚定，缺乏进取精神、斗争精神，本领恐慌的问题日益凸显，"身体进入新时代，脑袋还停留在过去"。有的党员干部表态多调门高、行动少落实差，工作中怕失误、怕风险、怕问责、怕麻烦，不想为、不敢为、不能为；有的党员干部思想观念因循守旧、封闭狭隘，专业知识储备不足，运用战略思维、辩证思维、创新思维、法治思维、底线思维深化改革、推进工作的能力不足。

5. 机关组织纪律松弛，纪律建设工作有待加强。加强纪律建设作风建设是全面从严治党的治本之策。党要管党、全面从严治党，靠什么管，凭什么治？就是要靠严明纪律。自治区广电局领导班子保持为民务实清廉的政治本色，公私分明，"亲""清"分开，清白做人、干净做事，坚持公正用权、依法用权、为民用权、廉洁用权，但廉政风险依然存在。一些单位部门负责人履行"一岗双责"仍不到位，对党的政治纪律、政治规矩在督促落实上还有不足，不习惯按照制度办事，从小事抓起、从小节严起做得不够好；党内监督意识淡薄，党员监督的主动性和自觉性不强，基层党组织纪检委员的监督作用没有得到很好发挥；一些党员对照全面从严治党的更高标准、更严要求，刀口向内、刮骨疗毒的勇气不足，纪律规矩意识依然需要加强。

二、对广播电视机关党建工作存在问题的原因分析

1. 当前国际形势复杂严峻，各种弱化党的先进性、损害党的纯洁性的因素无时不有，各种违背初心和使命、动摇党的根基的危险无处不在，一些党员干部思想理论武装不到位，没有认真研习马克思主义经典著作和习近平新时代中国特色社会主义思想，不能深刻理解把握马克思主义基本原理和党的创新理论，有浮躁情绪、实用主义倾向，掌握精神实质不透不深，导致不能以理论上的清醒确保政治上的坚定；面对新时代新使命、新任务和新需求，一些党员干部不能很快进入角色，政治敏锐性不够强，主动担当作为不够，对广播电视工作发展的预估不够、想得不够长远。

2. 复杂的社会环境可能使党员的价值取向、人生追求呈现不稳定状态，导致部分党员领导干部不能充分发挥党员的先锋模范作用；一些基层党组织没有把党员"即时引导"与"终身教育"统一起来，对党员的思想教育工作力度不够；一些党员干部理论学习内容还不够全面，系统性还不强，结合广电业务研究较少，在专业知识、科技前沿知识的把握上还存在滞后情况，学习贯彻效果与"学懂、弄通、做实"的要求还有差距。

3. 机构改革政策落地伊始，基层广电行政部门机构、人员虽已整合精简，但在构建科学规范、运行高效的机构职能体系方面，改革的整体效应尚未完全发挥；一些基层党组织存在人员老化、新鲜血液培养困难的问题，少数党员身份意识淡薄，对党组织生活漠不关心；一些基层党组织权责边界不清，党的领导体制机制不够完善。

4. 以互联网为主导的新媒体使信息传播方式发生重大变化，给传统党建工作带来挑战，我们的学习内容和学习形式没能及时跟上变化，在将学习成效转化为做好广播电视工作的思路举措，提高运用党的创新理论指导实践、推动工作的能力上还有欠缺；很多党员领导干部安于现状，不思进取，放松了对自己的要求，解放思想不够，工作标准不高、工作格局不大；有些工作部署过于强调"留痕管理"，过于注重看会议记录、看发文、看材料、看笔记、看体会、看展板，看似没日没夜、忙忙碌碌，实质是在繁琐主义、事务主义的泥潭中挣扎；很多党员干部在工作作风方面还存在不够严实的问题，全心全意为人民服务的公仆意识还不够强烈，没有真正解决好"为了谁、依靠谁、我是谁"的问题，直面新困难和新挑战的决心也不够。

5. 一些基层党组织没能真正把党建工作摆到更加突出的位置，没能真正扛起全面从严治党的政治责任，在组织党员干部学懂弄通做实习近平总书记全面从严治党重要思想上存在不足，面对长期的执政考验、改革开放考验、市场经济考验、外部环境考验，机关党建存在政治意识淡化、党的领导弱化、党建工作虚化、责任落实软化等现象；党内监督的执行力度不够，力量不足，基层党组织纪检委员配备履职不到位、监督责任不明确，能力素质参差不齐，监督环境有待改善。

三、几点建议和意见

（一）坚持把加强政治建设作为机关党支部建设的基础，党建工作与业务工作思想同步深化

习近平总书记在党的十九大报告中指出："党的政治建设是党的根本性建设，决定党的建设方向和效果。保证全党服从中央，坚持党中央权威和集中统一领导，是党的政治建设的首要任务。"对于身处意识形态领域的广播电视从业人员，坚持以党的政治建设为统领，把中央和国家机关党的政治建设抓细抓实抓出成效，意义更加重大、要求更为迫切。

1. 加强理论武装，切实从思想上高度重视党的政治建设。我们党历来强调，党管意识形态，党管宣传思想工作，党管新闻舆论工作，党管媒体，党管干部，党管队伍。面对改革发展复杂局面和社会思想意识多元多样、媒体格局深刻变化，要更加注重理论武装，把学习贯彻习近平新时代中国特色社会主义思想作为党委（党组）理论中心组学习的首要内容，作为基层党员干部教育培训的重中之重，以理论上的清醒保证思想上的坚定、行动上的坚决，把意识形态工作的领导权、管理权、话语权牢牢掌握在手中。

2. 加强党内政治文化建设。党内政治文化建设有助于坚定政治信仰，通过党内政治文化建设营造风清气正的党内政治生态，通过倡导和弘扬光明磊落、公道正派、实事求是、艰苦奋斗、清正廉洁等价值观，抵御庸俗腐朽的政治文化侵蚀，培育党员干部的政治气节和政治风骨。利用广电媒体的自身平台，创作播出一些讴歌党、讴歌祖国、讴歌人民、讴歌英雄的精品力作，经过党内统一的政治文化熏陶，引导党员干部带头做社会主义核心价值观的坚定信仰者、积极传播者、模范践行者。

3. 立足机关工作实际，推动政治建设融入机关工作全过程。要把党

建工作贯穿于业务工作的全过程、各方面，真正让党建和业务工作融为一体、高度统一。党员要结合机关岗位职责深入学习思考，不断提高把握方向、把握大势、把握全局的能力，辨别政治是非、保持政治定力、驾驭政治局面、防范政治风险的能力。只有这样，我们的广大党员干部才能坚定理想信念，站稳政治立场，增强政治觉悟，保持政治定力，在实际工作中展示出良好的政治觉悟和组织观念，更好地运用战略思维、创新思维、辩证思维、法治思维和底线思维指导和改进工作，把好方向、管好大局、保好落实。

（二）坚持把加强思想建设作为机关党支部建设的关键，推动党建引领创新

习近平总书记非常重视党的思想建设，强调"没有理想信念，理想信念不坚定，精神上就会'缺钙'，就会得'软骨病'"，因此必须拧紧思想的"总开关"。正确的思想理念是做好党建工作的先导，更是处理好党建工作与业务工作关系的前提。

1. 加强党员干部党性教育。要深入推进"两学一做"学习教育常态化制度化，扎实开展"不忘初心、牢记使命"主题教育，强化党的理想信念，通过对党中央治国理政新理念新思想新战略的深入学习和广泛传播，把"创新是第一动力"的理念灌输到党员干部的思想意识中，将创新创造潜能充分释放，体现到实际行动中，落实到工作引领中。要把党建工作与媒体融合工作融合起来，与广播电视监管工作融合起来，与"壮美广西·智慧广电"工作融合起来，与安全播出管理工作融合起来，与脱贫攻坚工作融合起来，加快各项工作推进建设，进一步提高广播电视创新发展能力和服务能力，为广播电视工作的高质量发展开拓更广阔的空间。

2. 加强党员干部身份意识教育。各级基层党组织要引导党员干部牢固树立强烈的身份意识，必须自觉尊崇党章，遵守党纪党规，坚定理想信

念，做到对党忠诚，勇于担当作为；必须把全部心思放在工作上，放在党的事业上，把工作好坏作为检验党员干部的一把尺子；必须时刻注意维护自身形象，党员干部要以身作则、率先垂范、谨言慎行，在党言党、在党爱党、在党忧党、在党为党，自觉着眼于党和国家事业的新发展，做到"五个过硬"，把党员干部的形象高高树立起来。

3. 加强国情区情教育。在党员干部队伍中加强国情区情教育很有必要，既要了解全国、全区的历史性成就和伟大变革，提升党员干部的民族自豪感，也要让党员干部了解中国与发达国家、广西与发达省份的差距和不足，"知耻而后勇"，提升党员干部的时代危机感和历史使命感，更好地发扬成绩，总结经验，克服不足，补齐短板，继续前行。

4. 加强理论素养、专业素养培训和实践锻炼。广电局作为党的意识形态部门和文化主阵地，在学原文、读原著、求实效上应该标准更高、要求更严。各级基层党组织必须落实好党员干部的学习培训，坚持"走出去"和"请进来"相结合，既可以组织党员干部到现场参观学习，也可以邀请党校讲师、专家学者、优秀党员等讲解新形势新任务，传授经验技术，从而提升党员干部理论水平、业务素质和实践能力；积极组织开展实践活动，推动党员干部在党日活动中开展实践，服务群众，使党员干部得以锻炼能力，发挥示范引领和先锋模范作用，提升履职尽责、干事创业的本领和能力。

（三）坚持把加强组织建设作为机关党支部建设的后盾，为广电行业强根固基

习近平总书记多次强调，贯彻落实党要管党、全面从严治党方针，必须做好抓基层、打基础的工作，使每个基层党组织都成为坚强战斗堡垒。广电基层党组织如何根据自身的行业特点，强化"服务中心、建设队伍"两大核心任务，提高基层党组织的影响力、凝聚力和战斗力，为广西广播电视事业和产业的发展提供坚强的政治和组织保障，这是摆在我们面前的一道崭新课题。

1. 建立健全党支部工作制度体系，认真梳理中央与自治区党委出台的有关制度，汇编成册下发局直属各级党组织，提高科学性和可操作性，作为开展党支部工作的制度依据；加强党支部组织生活基本制度贯彻执行，严格执行《中国共产党支部工作条例》，坚持"三会一课"、组织生活会和民主评议党员等基本制度，联系思想工作实际，突出政治学习和教育，突出党性锻炼，确保党的组织生活经常、严肃、认真；深入开展党支部规范化建设，推动党支部按期换届、从严教育管理党员、按时足额交纳党费等重点工作常态化、规范化，努力探索形成符合机关实际、具有自身特点的党支部建设长效机制，推动党支部工作更加规范科学；严格落实党员汇报制度，党员按时向党组织汇报思想、工作和完成支部分配任务的情况；严格落实组织生活会和民主评议党员制度，用好批评与自我批评这个锐利武器。

2. 建立基层党组织工作监督检查考评机制。机关党建是否扎实，很大程度体现在机关基层党组织身上，要进一步加强对机关基层党组织党建工作的监督检查和指导，提高机关基层党支部重点任务完成情况和规范化建设在机关党建工作绩效考评体系中的比重，激励基层党组织充分发挥政治功能、服务功能，不断提升组织力。

3. 指导推进各级党组织建设，真正做到哪里有群众哪里就有党的工作，哪里有党员哪里就有党的组织，哪里有党组织哪里就有健全的组织生活和党组织作用得到充分发挥。健全基本组织，建强基本队伍，开展基本活动，完善基本制度，落实基本保障，推动党支部担负起教育党员、管理党员、监督党员和组织群众、宣传群众、凝聚群众、服务群众的职责，真正使党支部成为教育党员的学校、团结群众的核心、攻坚克难的堡垒。

（四）坚持把加强作风建设作为机关党支部建设的助推器，加速广电行业快速发展

习近平总书记指出："我们的责任，就是同全党同志一道，坚持党要管党、从严治党，切实解决自身存在的突出问题，切实改进工作作风，密切联系群众，使我们党始终成为中国特色社会主义事业的坚强领导核心。"作风建设是党的建设的永恒主题，始终贯穿于党领导革命、建设和改革的伟大实践中。

1. 加强理论学习，创新学习形式、学习载体、学习平台。要准确把握党员需求，紧扣"党性锤炼"这条主线，打造一批开放式学习教育形式，探索创意式、开放式、体验式学习教育形式，打破以往说教式、照本宣科式、填鸭式学习教育的藩篱，有效提升学习教育活动的吸引力、辐射力和满意度；探索"互联网＋党员教育服务"模式，用党的先进理论占领网络阵地和手机微信、微博客户端等新媒体阵地，把学习教育建在网上和手机上，让党员线上线下同步参与，促使学习教育从灌输式转变为互动式；打破组织界限，吸纳入党积极分子、群众、服务对象等参加，提高基层党组织学习教育的透明度，形成一种监督和鞭策，促进巩固强化党员干部的学习意识和学习实效。

2. 解决形式主义、官僚主义。机关党员干部要把人民对美好生活的向往作为奋斗目标，要不断改进工作方法，努力转变工作作风，克服浮躁情绪，抛弃私心杂念，力戒官僚主义、形式主义和庸俗作风。要身体力行，深入实际、深入基层，想群众之所想，急群众之所急，努力开创工作新局面。要坚持在其位、谋其政、尽其责，狠抓工作落实，把会议上说的、文件上写的，变为具体行动。要有扎实的实干精神，一项工作一项工作地研究，一个问题一个问题地解决，从而不断提高公信力、执行力和落实力。自治区广电局推出精文、减会、统筹督查调研实际举措，全局推行"事必回复"和"文件日日清"规定，完善办文办会办事相关工作机制，

及时办文办事，力戒形式主义专项整治工作稳步推进。

3. 尊重宣传思想工作、新闻舆论工作规律，深入实际，调查研究。以"不忘初心、牢记使命"主题教育为契机做好调研工作，自治区广电局领导班子带头开展调研，围绕"壮美广西·智慧广电"工程实施情况、广播电视信号覆盖、市县广电媒体融合、广电队伍建设、脱贫攻坚等情况开展调研，以问题为导向，切实查摆解决广电工作实践上存在的差距和问题。各级党组织纷纷响应，到各地开展调研，列出问题清单，形成调研报告，落实解决时限和责任人，进一步梳理完善调研成果，及时分解成果转化任务，运用调研成果指导各项工作高质量进行。

（五）坚持把加强纪律建设作为机关党支部建设的坚强后盾，为广电发展保驾护航

习近平总书记指出："要坚定不移推进党的伟大自我革命，敢于清除一切侵蚀党的健康肌体的病毒，使党不断自我净化、自我完善、自我革新、自我提高，不断增强党的政治领导力、思想引领力、群众组织力、社会号召力，才能确保党始终保持同人民群众的血肉联系。"纪律作为一种统一的强制性要求，保证了一支队伍在整体行动上的一致性，体现出强大的整体合力。全面从严治党永远在路上，不可能一蹴而就，已经显现的成效也需要更大的力度来巩固和拓展。

1. 建立党员领导干部带头制度。着力增强"关键少数"履行"一岗双责"的意识和能力，一方面要求机关各级党组织对本部门的党建工作负责，主要领导亲自抓带头抓，推行"书记到一线"工作法；另一方面要抓好党员领导干部自身的思想政治工作。党员领导干部要以身作则、身先示范，既要做到严于律己，自觉提高政治理论素养，提高工作能力，又要做到守土有责、守土尽责，党建工作和业务工作"双肩挑"，为机关党员干部做好示范，当好榜样。

2. 建立健全党内监督体系。切实保障党员监督权利，拓宽党员意见表达的渠道，建立健全党员评议基层党组织领导班子等制度，鼓励和保护党员敢讲真话、讲心里话，营造党内民主讨论、民主监督的环境和氛围；充分发挥基层党组织纪检委员的监督作用，对支部纪检委员的岗位职责、履职方式、权利义务提出明确要求，建立健全纪检委员述职述责、考核评议和激励保障制度，完善纪律委员的管理、考核和使用；明确党内监督的重点，做好对单位"一把手"、单位主要领导、干部选拔任用、重大决策的监督；坚持党内监督和党外监督相结合，拓宽监督渠道，充分发挥工会、共青团、妇委会等社会团体和普通群众的监督作用。

3. 加强党内政治巡察。把政治巡察作为加强党内监督的利器，充分发挥政治"探照灯"和政治"显微镜"的作用，聚焦全面从严治党，重点发现党的领导弱化、党的建设缺失、全面从严治党不力等问题，唤醒党员责任意识，激发党员担当精神。

走进新时代、贯彻新思想、开启新征程、续写新篇章，作为党和政府的宣传部门，自治区广电局将继续以习近平新时代中国特色社会主义思想为指导，增强"四个意识"，坚定"四个自信"，做到"两个维护"，全力以赴抓好各项工作落实，全面提高中央和国家机关党的建设质量和水平，旗帜鲜明讲政治，坚定不移加强党的全面领导，坚持不懈推进党的政治建设，以党旗领航为抓手，以永远在路上的执着，努力建设让党中央放心、让群众满意的广播电视模范机关。

开拓创新做好新时代自治区广电局离退休人员工作

课题负责人：朱为范

责任人：康三冬　赵艳丽

2019 年 5 月至 9 月，离退休人员工作处根据 2019 年《自治区广电局调研工作实施方案》，围绕如何开拓创新做好新时代离退休干部工作，先后到国家广播电视总局老干部局、广西老干部局、广西老年大学、南宁市老年大学等进行调研学习，在自治区广电局老年大学学员及离退休同志中进行了问卷调查，召开座谈会听取老同志的意见及建议，提出了做好新时代离退休人员工作的举措。

一、离退休人员基本情况

自治区广电局离退休人员共有 151 名，代管 3 人，其中：离休人员 10 人，享受离休待遇 2 人，退休干部 142 人。其中：年龄在 90 岁以上的有 3 名；80 岁以上的有 38 名，占 26.6％；70 岁以上有 61 名，占 39.6％。

总体看，自治区广电局大多数离退休老干部对离退休干部工作以及目前的生活状况是比较满意的，对祖国取得的巨大成就感到欢欣鼓舞，对经济社会的发展进步充满希望和信心。

二、离退休人员工作中遇到的普遍问题和难题

（一）离退休干部思想状况呈现不同倾向

随着经济社会的飞速发展，信息传播渠道的不断增加，离退休老同志在生活中会遇到这样或那样的新问题，思想观念更加活跃，生活方式、价值取向更加多元。有的老同志关心国家大事，注重精神需求；有的老同志喜欢吹拉弹唱，注重沟通交流；有些老同志面对社会上的不良现象或个人待遇上的落差，会产生消极、不满情绪……老同志的思想状况呈现多元化现象。

（二）老同志身体弱化导致活动受限

越来越多的老同志进入"双高期"，年龄老化，体弱多病，生活自理能力下降，自身活动范围受到限制，虽然参加活动的愿望和积极性很高，但由于自身健康状况不容乐观，心有余而力不足，已经难以正常参加集体活动。

（三）少数老干部工作者能力水平亟待提高

有的同志对做好新形势下的老干部工作重视程度不够、认识不到位，宗旨意识淡化，工作中缺乏责任感、进取心和主动性，不善于统筹规划，不善于学习思考。有的片面认为老干部工作不是广电工作的重点，没有硬性要求，有重服务轻管理的现象，对做好新形势下的离退休干部工作缺乏统筹研究和应对措施，存在"守摊子"的消极思想。少数同志对老干部工作政策学习不深入、掌握不全面、落实有差距，与老干部工作的标准要求不相适应。

三、下一步做好离退休人员工作的对策

离退休人员工作进入新时代、面临新情况，接受新任务、实现新要求，就一定要以习近平新时代中国特色社会主义思想为引领，开拓创新做好离退休干部工作。

（一）提高政治站位，把离退休干部工作作为党的事业来做好

习总书记指出：老干部是党执政兴国的重要资源，是推进中国特色社会主义伟大事业的重要力量。老干部工作承载着党中央关心爱护老干部的重要任务，是一项需要付出、需要奉献的重要工作。党的十九大报告指出：认真做好离退休干部工作。因此，我们要认真学习，深刻领会，明确方向，坚定信心，做好离退休干部工作。老干部工作是党的组织工作和干部人事工作的重要组成部分，老干部工作者要充分认清全面建成小康社会赋予老干部工作的新使命，全面从严治党对老干部工作提出的新要求，准确把握老干部工作面临的"时势"。进一步抓好对离退休干部的学习引导，从满足老干部关心的国家大事出发，感受以习近平同志为核心的党中央对离退休干部的深厚感情，让离退休党员继续主动学习党的路线、方针、政策，增强"四个意识"、坚定"四个自信"、牢记"四个服从"，坚决拥戴核心、维护核心、捍卫核心。

（二）充分发挥老同志的政治、经验、威望优势，为党和人民事业增添正能量

一是加强制度建设。着力抓好离退休干部思想政治建设和党组织建设。切实落实政治待遇中的学习制度、联系制度、情况通报制度、参观考察制度、阅文制度、走访慰问制度，切实落实党建工作各项制度，坚持每

季度一次党支部学习制度，利用新时代讲习所、大讲堂等组织老同志参加各种讲座、辅导报告会，确保离退休党员信念坚定，思想常新，理想永存，离岗不离党，退休不褪色，永远跟党走。二是配齐配强离退休党支部班子。把素质高、身体好、愿意发挥作用的老同志选入离退休支部担任委员，通过他们引领带动其他离退休党员始终牢记党员身份，发挥表率作用，按时交纳党费。兑现离退休党支部书记、委员工作补贴。三是精心打造活动阵地。制订方案，完善制度，组织开展各种学习活动，不断总结经验。帮扶困难老党员，多办实事，多做好事，让老同志共享改革开放的成果，感受党组织的关怀和温暖。

（三）选树离退休干部先进典型，利用新兴媒体加大老干部工作宣传力度

一是培养挖掘离退休老同志先进典型，利用各种载体进行宣传和表彰，弘扬尊老敬老爱老的传统美德，引领时代新风尚。二是引导老同志做心态阳光的模范长辈，充分发挥离退休干部政治坚定、实践经验丰富、专业知识强、具有良好的组织动员和宣传表达能力的优势，对在职人员进行党的优良传统、中华民族传统美德教育。三是推选在传承中华民族传统美德、弘扬良好家风方面有突出示范作用的孝亲敬老最美家庭，要多形式、多渠道进行宣传鼓励，推动社会主义核心价值观在家庭落实，大力弘扬中华民族的传统美德。四是引导离退休老同志继续讲好中国故事、弘扬中国精神、传播好中国声音，通过讲党课、讲传统、做示范等形式，新老传承，不忘初心，跟党走，把爱党、忧党、兴党的优良作风传承弘扬下去。

（四）聚焦展示阳光心态，体验美好生活，畅谈发展变化主题，开展丰富多彩的活动，让老同志拥抱新时代，享受美好生活

一是树立以人为本、服务为先的理念，充分发挥好老干部活动中心的

平台作用。继续办好老年大学，办好七星路和望园路两个老年活动中心。为办好太极拳班、书法班、声乐班、美术班、养生保健班、英语班、舞蹈班等提供服务保障，不断为老同志老有所学、老有所为、老有所乐创造良好条件。二是增强精准服务意识，用心用情用力做好离退休干部服务工作。做到平时有人问、住院有人探、节日有人访，把党组织的温暖及时送到老干部的心坎上，更好地让老同志感受到社会的发展变化，让老干部在政治上更有荣誉感、组织上更有归属感、生活上更有幸福感。三是注重发挥"五老"作用，以自治区广电局关心爱护下一代工作委员会名义组织"五老"人员赴隆林开展扶贫助学和"五老"人员进学校、进课堂活动，组织"五老"人员到广西广播电视学校、广西新闻出版技工学校讲传统、讲党史、讲中国故事，通过这些活动凝心聚力，让离退休干部充分展示自我，有更多获得感、归属感，拥抱新时代，享受美好生活。

（五）要做到感情到位、工作到位

要提倡和坚持"三用"：用心，真正用儿女之心、负责之心来做工作；用情，满怀尊重、理解之情，务服务工作之实；用力，真正以人为本，不怕难、不怕繁、不怕重、不怕怨，做到管理科学，服务优良。要突出"五种"精神：一是无私奉献精神。老干部工作的中心任务是服务，老干部是为老干部服务的"勤务员"。做老干部的"勤务员"，没有什么私利可图，要淡泊名利，不计得失，甘于奉献，树立可信、可为、可亲、可敬的老干部工作者形象。二是求真务实精神。老干部工作主要是做好物质文化生活保障工作，老干部工作者要有扎实的工作作风，真正扑下身子，深入到老干部中间去，做到"走百家门、问百家事、解百家难"。三是任劳任怨精神。老干部工作是一项非常辛苦的工作，工作量大，标准要求高，要做好这项工作，没有任劳任怨的精神是不行的，必须具有吃苦耐劳、艰苦奋斗的精神品质。四是雷厉风行精神。目前，自治区广电局大部分离退休干部年龄在 70 岁以上，已进入高龄期、高发病期。这就要求我们在对待老干部们反映的困难和问题上，凡是本部门能够解决的，要立即采取措施，尽快给予解决；凡是需要上级解决的，要抓紧时间向上级汇报请示；对于一时解决不了的，也要及时给老同志解释清楚，并积极创造条件，力求尽早解决。五是开拓创新精神。我们要与时俱进，充分发挥主观能动性，加强调查研究，大胆探索，开拓奋进，不断探索老干部工作的新思路、新方法。

全区乡镇无线发射台站运行维护情况调研报告

课题负责人：黄军飞　覃晓志　邓建毅　莫启友　陈炫然

一、调研背景

2019年1月11日，自治区广电局与广西广播电视信息网络股份有限公司签订《2019年广西广播电视乡镇无线发射台站代维服务采购》协议。2019年2月自治区广电局印发《自治区广电局关于调整全区乡镇广播电视无线发射台站运行维护管理职责有关工作的通知》（桂广发〔2019〕17号），明确了各方的乡镇无线发射台站运行维护管理职责。经广西广播电视技术中心与市县广播电视行政管理部门、广西广播电视信息网络股份有限公司共同努力，全区乡镇无线发射台站运行维护工作逐步走向正轨，运行状态有较大改观。

结合增强"四力"工作实践，2019年以来，广西广播电视技术中心领导班子成员先后到全区14个地市96个乡镇无线发射台站开展调研，进一步摸清全区乡镇无线发射台站运行维护情况。调研发现，目前乡镇无线发射台站运维还存在不少困难和问题，需要自治区广电局进一步完善长效机制，不断加大资金投入，统筹协调好各市县广播电视行政管理部门、广西广播电视信息网络股份有限公司、广西广播电视技术中心的工作，使它们各负其责，共同把全区乡镇无线发射台站运行维护工作做好。

二、基本情况

根据《自治区广电局关于调整全区乡镇广播电视无线发射台站运行维护管理职责有关工作的通知》，广西广播电视技术中心及时调整乡镇无线发射台站运行维护工作职能，制定工作方案，对台站进行全面清查整顿，积极配合广西广播电视信息网络股份有限公司于 2019 年 4 月完成全区 698 座乡镇无线台站的运行维护管理移交工作，并将移交过程中发现的问题列出问题清单，督促各分中心立即对照问题清单积极开展整改工作。7 月份共存在 431 个问题，截至 2019 年 9 月 30 日已完成整改 415 个（占比96.3%），尚未完成整改 16 个（占比 3.7%），未完成整改的问题不影响正常播出。

广西广播电视技术中心各分中心积极主动对移交前有故障的台站继续进行整改，并督促各市、县广播电视行政管理部门对长期不通电的 19 座台站进行整改，目前已整改了 17 座，剩余龙州彬桥发射台（经常受雷击计划搬迁）、邕宁百济猫头岭发射台（电缆埋地受当地村民阻拦）未完成整改工作。广西广播电视无线传播枢纽台从 2019 年 3 月份起配合广西广播电视信息网络股份有限公司对全区 698 座无线发射台站进行远程监控系统 PING 通测试、故障排查，发现全区共有 41 座台站通信长期 PING 不通，经过广西广播电视技术中心和广西广播电视信息网络股份有限公司共同排查问题和整改，截至 9 月 30 日，PING 已全部通。

广西广播电视技术中心及各分中心积极配合广西广播电视信息网络股份有限公司对分公司维护人员开展培训，截至目前，共培训 800 多人次。积极督促做好乡镇无线发射台站日常维护管理工作，每月广西广播电视技术中心各分中心到台站现场核查抽检各网络分公司的维护情况，并按要求进行打分评定。对发现的问题，按责任分工，及时督促各市、县广播电视行政管理部门和广西广播电视信息网络股份有限公司相关分公司进行处置和整改，同时组织抽查小组到台站复核整改情况。建立沟通机制，协调广西广播电视信息网络股份有限公司组建全区乡镇无线发射台站维护管理微信群，及时反馈和协调处理乡镇台站存在的问题和故障。

截至 9 月底，乡镇无线发射台站播出运行正常的台站有 684 座，占比 98%；部分播出正常的台站有 11 座，占比 1.57%；播出不正常的台站有 3 座，占比 0.43%。未正常播出的台站主要是由于故障设备正在返修、光纤中断和台站停电等原因造成。

三、乡镇无线发射台站运维工作存在的问题

（一）市县广播电视行政管理部门

1. 机构改革后，有的县把乡镇无线发射台站划给县融媒体中心管理，有的县则把乡镇无线发射台站交给县广播电视台管理，部分县对乡镇无线发射台站管理职责认识不清，没有落实具体管理部门和人员。同时，由于机构改革，市县人员变动较大，新接手的同志对技术不熟悉，导致运维力量不足。

2. 部分市县对于台站供电和供电设备正常运行的保障工作没有落实，外电线路故障、高压变压器损坏、不缴电费等问题不能及时解决，造成极少数台站长期停电停播。例如，龙州彬桥、龙州逐卜、灌阳新街这三座发射台长期外电不通，发射机无法开机；鹿寨黄冕发射台、浦北官垌发射台、浦北六硍发射台没有落实供配电 380V 改造任务（自治区广电局早已下拨资金），目前还是使用 220V 电源；钦北区大直发射台、合山河里甘洛岭发射台变压器被雷击损坏，没有处理；来宾迁江发射台因工程款问题不时被停电；邕宁百济、南宁坛洛、大化乙圩发射台线路因树枝压坏线路

缺相等问题有待解决。

3. 部分市县播出机构节目源不稳定，导致无法确保节目正常播出。部分市县由于技术维护力量缺乏，前端故障（编码器、前端信号等）无法处理，无法确保节目源稳定输出，导致台站播出信号中没有本地节目。

（二）广西广播电视信息网络股份有限公司

1. 目前广西广播电视信息网络股份有限公司在进行内部机构设置调整，导致职责分工不明确，部分市县网络分公司认识不到位，没能履行好乡镇无线发射台站维护工作实施主体的各项工作职责。有的网络分公司管理得较好，有的管理得较差，对如何落实合同所规定的各项职责没有制定出相应的管理办法和制度。

2. 部分乡镇无线发射台站日常检查维护不到位，维护质量不高。部分维护人员维护水平有待提高，对设备不熟悉，无法处理简单的故障问题，无法对设备进行有效维护。没有配置必要的收听收看器材，不掌握台站的播出情况。

3. 部分网络分公司没有按要求在所有乡镇无线发射台站放置巡检表，无法核实网络分公司是否到乡镇无线发射台站进行维护。部分放置有巡检表的乡镇无线发射台站，维护人员没有认真按巡检表内容进行维护，没有如实填写内容，存在工作马虎、敷衍了事等现象。

4. 部分台站清洁卫生较差，设备、机房内灰尘较多，围墙内垃圾、杂草没有清理，铁塔基座螺母没有涂防锈油，存在生锈现象等。

（三）广西广播电视技术中心

1. 部分分中心对乡镇无线发射台站维护工作的认识不到位，对乡镇台站维护工作的指导、监督和考核等各项工作落实不够到位，工作不够积极主动，存在观望、扯皮的现象，对于台站出现的问题未能及时解决。

2. 乡镇无线发射台站在人员管理、故障处置措施等方面的制度还不够完善，管理还不够到位。

3. 部分分中心存在"老好人"思想，拉不下脸严格管理，对乡镇无线发射台站技术维护管理工作中存在的问题不敢管、不愿管。

4. 乡镇无线发射台站的远程监控系统建设工作滞后，无法对台站环境监控、电力监控、发射机播出情况等实时进行监控，缺乏有效的监管手段，设备故障、停播未能及时发现，及时处置。

5. 2017 年建设的 55 座台站，铁塔设计为 25 米塔，由于负责铁塔建设的厂家没有履行合同，技术中心与铁塔建设方的诉讼还未结束，目前仍使用 12 米拉线桅杆临时播出，影响覆盖效果。

（四）其他问题

1. 运维服务外包模式还处于探索阶段。乡镇无线发射台站运维服务外包是从 2019 年开始实施，尚处于磨合期，对乡镇无线发射台站如何有效进行服务外包确保运维质量，有待进一步探索和完善，对运维人员的培训和监管也有待进一步加强。

2. 乡镇无线发射台站设备配置和基础设置不够完善。乡镇无线发射台站建设之初受建设资金限制，只保证了主要功能的实现，很多应配的设备均未能及时配足。且历年建设经费均优先保证机房土建、外电建设的费用，相应压缩其他费用。部分台站围墙已出现下沉、开裂、坍塌等现象，部分台站没有修建围墙、没有硬化地面、没有修建便道等，上山的通道杂草丛生，难以通行，无形中造成了维护上的困难，基础设施需要进一步完善。特别是 2013、2014 年建设的台站，受当时条件限制，个别台站机房是租的房子或者是彩钢房，随着使用年限的增加，面临重建的问题。

3. 乡镇无线发射台站运维经费不足。工程建设之初对运维经费构想是由自治区广电局、广西广播电视台、市、县共同分担，但多年来广西广播电视台、市、县均未投入任何运维经费，广西广播电视技术中心也无专项经费，随着台站数量的增加，维护经费出现一定缺口。

4. 乡镇无线发射台站备机备件不足。由于 2013 年以来建设的乡镇无线发射台站一直没有专项经费为全部台站配置备机和采购相关日常维护备件，广西广播电视技术中心每年只能从有限的经费中采购部分备机备件，但是数量远远不足，部分台站还没有配置备机，需要大量资金采购相应的备机备件。且台站备品备件不足，设备出故障后返回厂家维修时间过长，影响台站正常播出。

5. 乡镇无线发射台站改造经费不足。2013 年至 2015 年建设的 479 座乡镇无线发射台站共计 1460 台调频发射机采用在网络分公司前端机房射频调制后传送到台站再选频播出，出现与网络公司电视信号干扰和占用网络公司传送带宽问题。目前网络公司已经完成了农网的 IP 化改造，IP 信号已经传送到台站，需要对这 479 座台站的调频发射机改造成以 IP 信源的方式播出，改造经费约需 1600 多万元。

6. 乡镇无线发射台站改造资金未纳入预算。部分乡镇无线发射台站遇外电线路损坏、高压变压器损坏、基础设施损毁（如机房漏水、水沟边坡塌方）等问题，但是由于没有能纳入预算安排，往往无法及时解决。

四、意见和建议

1. 明确职责分工，压紧压实责任。严格按照《自治区广电局关于调整全区乡镇广播电视无线发射台站运行维护管理职责有关工作的通知》要求，明确责任，划分维护界限，落实各市县广播电视行政管理部门、广西广播电视信息网络股份有限公司、广西广播电视技术中心、广西广播电视监测中心的分工，建立以广西广播电视信息网络股份有限公司管理为主，市县广播电视行政管理部门、广西广播电视技术中心、广西广播电视监测中心督促监督、相互配合的安全播出管理机制，确保乡镇无线发射台站长期稳定、安全运行。

2. 完善乡镇无线发射台站监督和管理手段。每月由自治区广电局牵头，召开广西广播电视信息网络股份有限公司、广西广播电视技术中心和广西广播电视监测中心四方组成的乡镇台站运维管理工作协调会，共同解决实际存在的各种问题；成立由自治区广电局牵头，市县广播电视行政管理部门、广西广播电视技术中心、广西广播电视监测中心多部门联合组成的监督考核组，加强监督抽查力度；加强对运维人员的培训和考核，提高他们的专业技能和责任意识，提高运维队伍整体素质；尽快完善台站远程监控体系建设，对台站环境、电力、播出效果、运维质量等实时进行监控，建立远场监控系统、严格管控外包维护质量等，完善监管手段。

3. 加强基础设施和技术系统建设，夯实安全播出基础。对租房子、机房狭小、彩钢房的台站进行搬迁重建，修整台站巡检道路，修建围墙、护坡、水沟，进行外电线路改造，对台内外环境进行整治，完善乡镇无线发射台站的基础设施。完善台站设备配置，配置备机、补齐备品备件、进行调频发射机 IP 化改造；各市县局补齐自办节目信号源前端配置，提高前端信号源稳定性等。

4. 尽快解决乡镇无线发射台站维护资金缺口问题。目前依靠调剂使用的运维经费仅够支付 753 座（含 2019 年新建 55 座台站）台站的电费开支，无法保障基本的运维水平。运行维护经费应按照分级负担解决，其中：转播中央和自治区广播电视节目的经费由自治区财政解决，转播市、县广播电视节目的经费分别由市、县财政解决。解决发射台正常运行的费用问题，同时增加运维人员和车辆配置，解决运维承载能力与台站数量规模不匹配的问题。

广西地市级广播电视与视听新媒体
监测监管工作的现状、问题及对策建议

课题负责人：黄红伟

责任人：覃汉耀　覃国孙　闭　敏

为贯彻落实全区宣传思想文化战线开展增强"四力"教育实践工作关于"大兴调查研究之风""坚持问题导向，破解工作难题"的精神，针对广西地市级广播电视与视听新媒体监测监管业务工作中存在的难题，广西广播电视监测中心对广西地市级监测监管工作的开展情况进行专题调研，为下一步建立健全广西广播电视与视听新媒体监测监管建设自治区、地市、县三级体系提供科学依据，并就如何加强广西地市级广播电视与视听新媒体监测监管业务工作提出意见和建议。

一、调研情况

本次调研结合广西迎接中华人民共和国成立 70 周年广播电视安全保障大检查活动一并展开，通过对柳州、桂林、梧州、玉林、贺州、北海、钦州、崇左、百色等大部分地市广电部门的实地调研和个别地市电话沟通方式，对广西地市级广电行政管理部门监测监管现状、存在的问题及就如何加强广西地市级广播电视与视听新媒体监测监管工作开展调研。具体情况如下：

（一）广西地市级广电行政管理部门监测监管现状

1. 机构设置情况。全区 14 个地市除柳州市和北海市广电行政管理部门成立专门的广电监测监管机构并开展一部分广播电视与视听新媒体监测监管相关业务外，其余 12 个地市级广电行政管理部门均未设立监测监管机构或部门。其中柳州市为独立机构，编制为 10 人，正科级全额拨款事业单位。北海市是在北海广播电视发射中心基础上加设监测职能，总编制12 人。

2. 业务开展情况。在监测监管业务工作开展方面，柳州市广播电视监测中心目前在辖区范围内开展了广播电视安全播出监测、广告节目监测、互联网视听网站监测、IPTV 节目监看等监测监管业务；北海市广播电视发射监测技术中心在辖区范围内开展了广播电视安全播出监测业务，其他监管业务没有开展。其余 12 个地级市广电行政管理部门由于没有设置监测监管机构，相应的业务均没有开展。

3. 技术系统情况。柳州市和北海市建设有大小规模不等的监测技术系统，均依托广西广播电视监测中心分送的数据开展相关业务，其他各地市广电部门没有建设监测监管技术系统。

4. 业务需求情况。随着政府体制体系机构改革的深化，广电部门进一步强化行业监管职能，在行业监管上要做到守土有责、守土尽责，全面落实意识形态工作责任制，确保播出安全和安全播出。加强行业监管，做好行业指导，履行好属地管理，各地市广电部门责任会越来越大，同时面对传媒技术的快速发展，管理对象目标的日益增多，地市广电部门均表示急需设置专门机构，建设高效的全媒体监测监管平台，以平台为抓手，切实履行好属地管理职责，确保属地意识形态安全。目前，由于缺乏抓手，对属地的行业管理没有太多的数据依据，管理的效果大打折扣。

（二）柳州市实地调研情况

1. 广播电视安全播出监测业务开展情况。2016 年建成柳州市广播电视监测调度指挥系统，可对柳州市广播电视台的播控及无线发射播出的 11 个频率频道节目进行实时监测，系统具备实时监听监看、监测告警、数据处理、报表统计、短信发送等监测基本功能，同时建成 LED 拼接大屏多画面监看系统，可对柳州市广播电视台播出的 3 套电视播控节目、3 套地面数字电视节目、3 套调频广播进行实时多画面值班大屏监看。柳州市监测中心每月对监测数据进行汇总分析，形成广播电视安全播出监测情况报告上报主管局。

2. 广告节目监测业务开展情况。2013 年利用广西广播电视监测中心现有监测前端采集系统资源建成市级广播电视广告监测系统，可对柳州市广播电视台及所辖六县电视台播出的电视广告节目进行识别监测，现系统设备老旧且缺乏技术支撑，已无法正常运行，目前是利用安全播出监测系统的录像回看功能模块，仅能对柳州市广播电视台的广播电视广告节目进行人工监听监看。

3. 视听新媒体监测监管业务开展情况。2013 年建成市级互联网视听节目监测系统，对市局所属视听网站进行监测，现系统设备老旧且缺乏技术支撑，已无法正常运行，目前采用人工定期浏览网站的形式进行监测。在 IPTV 节目监测方面，目前是通过电信 IPTV 机顶盒收看当地 IPTV 信号，采用人工不定期抽查方式进行监看。

4. 存在问题。一是主要业务为广播电视安全播出监测，监测监管的范围仅到市级层面，尚未覆盖所辖县级，节目内容监管和视听新媒体业务开展不多或不够深入；二是业务技术系统自动化智能化程度不高，实现的功能大多仍处于监听监看的基本层面，要完成大部分的业务工作仍依赖人工方式；三是缺乏专业技术人员，技术维护水平跟不上要求，系统长期运行的稳定性和可靠性得不到保障；四是项目建设和系统维护资金不足。

（三）北海市调研情况

2015 年，广西广播电视监测中心协助北海市局下属广播电视发射监测技术中心利用现有广西广播电视监测指挥调度系统的软硬件资源搭建了北海市广播电视安全播出监测系统，该系统与广西广播电视监测中心监测监管平台数据共享、互联互通，可实现对北海市辖区内 1 市 1 县 1 区播出的无线广播、无线电视以及有线数字电视地方台节目进行安全、质量、内容的实时动态监测，并实现与广西广播电视监测指挥调度系统的数据共享、互联互通。

目前，北海市监测监管业务比较单一，仅开展了广播电视安全播出监测的相关业务，且负责该业务的相关人员只有 1—2 人，也面临人手不足的情况，工作也只是处于基本业务层面。因其还兼顾北海市广播电视节目无线发射的职能，使得该业务和系统应用具有无线发射自台监测性质，对所辖管理的其他播出单位如市广播电视台、县融媒体中心的监测和数据汇总分析等方面的安全播出管理工作开展得还不够深入。在视听新媒体监测监管、节目内容监管方面因预算资金未落实，未能建立技术系统和配备相应人员，未能正常开展相关工作。

（四）共性问题

一是目前国家广电总局有关监测监管技术体系建设的标准已不能满足当前监测监管系统建设的需要，新标准未能及时颁布，造成地市监测监管项目难以立项建设。

二是地市级广电机构改革后，大部分市局只有 2—3 人负责广电方面的管理业务，除柳州、北海外，均没有设置专门的广播电视监测监管机构，广播电视监测监管存在着弱化的现象，履行监测监管属地管理职责难以到位。

三是当地各级政府部门对广播电视监测监管认识不足，在机构设置、人员配备、资金投入等方面严重不足。

四是监测监管技术力量薄弱，缺乏熟悉广播电视监测监管的专业人员，难以满足广播电视与视听新媒体监测监管业务的需要。

二、建议与措施

1. 一方面向国家广电总局建议尽快制定完善广播电视与视听新媒体监测监管相关建设标准，另一方面建议自治区广电局尽快发布《广西广播电视与视听新媒体监测监管总体发展规划 2020—2025》，为地市级广电行政部门加强监测监管工作提供政策支持。

2. 结合自治区广电局审议通过的《广西广播电视与视听新媒体监测监管总体发展规划 2020—2025》，2020 年在柳州市开展广西广播电视与视听新媒体监测监管平台地市级管理分平台试点建设工作，完善后在全区推广使用，最终实现全区监测监管云平台统一规划、统一建设、资源共享、分级管理，解决地市级监测监管机构或部门无平台系统、技术力量薄弱、监测监管系统建设资金不足等问题。

3. 自治区各级政府部门要高度重视媒体的监测监管工作，在机构设置、人员配备、资金投入等方面进一步加大支持力度。同时，强调各级广播电视行政管理部门监测监管职责和业务分工，分级管控，全面落实属地管理职责。

4. 做好监测监管人员业务及技术培训工作，为各地市培养具有较强政治意识和监测监管专业能力水平的人员，不断加强地市级监测监管人才队伍建设，提升广西地市级广播电视与视听新媒体监测监管能力。

机关服务中心事业单位改革的现状、问题与对策建议

课题负责人：涂纳新

　　改革开放以来，伴随着经济体制改革和行政管理体制改革的深化，事业单位改革也在不断推进。党的十一届三中全会至今，我国事业单位改革大体经历了四个阶段。第一阶段：1978 年党的十一届三中全会到 1992 年党的十四大。这一阶段主要是拨乱反正，恢复社会事业，适当下放各类事业单位的管理权，大多数事业单位实行行政首长负责制，行政首长对本单位有经营管理权、机构设置权、用人自主权和分配决定权。第二阶段：1992 年党的十四大到 2002 年党的十六大。1993 年，党中央印发的《关于党政机构改革的方案》和《关于党政机构改革方案的实施意见》中明确提出，事业单位改革的方向是实行政事分开，推进事业单位的社会化。第三阶段：2002 年党的十六大至 2007 年党的十七大。党的十六届三中全会提出"继续推进事业单位改革"，四中、五中全会进一步提出"加快推进事业单位分类改革"。第四阶段：2007 年党的十七大至今。党的十七届二中全会通过的《关于深化行政管理体制改革的意见》对深化事业单位改革提出了具体要求，明确"按照政事分开、事企分开和管办分离的原则，对现有事业单位分三类进行改革。主要承担行政职能的，逐步转为行政机构或将行政职能划归行政机构；主要从事生产经营活动的，逐步转为企业；主

要从事公益服务的，强化公益属性，整合资源，完善法人治理结构，加强政府监管"。党的十九届三中全会通过的《中共中央关于深化党和国家机构改革的决定》，对党和政府机构体制改革提出了新的要求。在 2019 年 8 月 27 日全区机构改革总结大会上，鹿心社书记作了重要讲话，对机构改革成效给予充分肯定，同时提出推进相关配套改革，着力在重点领域和关键环节上取得新突破。根据中央和自治区领导的指示精神，自治区广电局机关服务中心认真组织调查研究，摸清现状，查找问题，理清思路，思考对策，研判机关后勤发展的总体趋势，结合工作实际，对如何推进机关服务中心的改革，增强和提高后勤保障能力，跟上事业单位改革的步伐，形成以下调研报告。

一、基本情况

自治区广电局机关服务中心成立于 1997 年 12 月，属独立核算的全额拨款一类公益事业单位，级别为正处级，工作职责是为自治区广电局机关提供运转保障服务，具体内容有会议服务、餐饮服务、用车服务、物业管理、行政管理事务，包括机关基础建设、房屋维修、办公用品采购、消防治安等。自治区广电局机关服务中心成立 20 多年来，历经 6 次大的改革和变动，这是由于机关服务中心处于机关和事业单位结合部的特殊地位，导致无论是机关机构改革还是事业单位机构改革，都会涉及机关服务中心，始终处于改革的前沿。但由于改革后相关配套政策不完善，使机关服务中心在人员编制、工资待遇、用工机制方面遗留了较多历史问题。

（一）机构设置和人员编制

自治区广电局机关服务中心具有独立事业法人资格，实行独立核算，人员自行管理，但在实际招聘人员时须报局机关批准方可实施。财务管理上预算范围内的小额开支由中心自行审核开支，预算外或大额开支需报经局里审核批准方能开支。权属在中心的资产由中心自行管理，另外还负责管理自治区广电局委托中心管理的局属资产。

服务中心内设 5 个机构，分别为办公室、房产科、保卫科、车队、膳食科。核定领导职数为一正一副 2 人，核定人员编制为：全额拨款实名编制 3 人，使用"老人老办法"后勤控制数编制 11 人。实际在职人员结构为：全额拨款实名编制 2 人，"老人老办法"后勤控制数编制 11 人，技术中心分中心后勤控制数编制 11 人，劳动合同制聘用人员 18 人（在中心工作 13 人，在机关处室工作 5 人），返聘人员 1 人，劳务合同人员 3 人（在中心工作 2 人，在机关处室工作 1 人）。

（二）在岗人员职数

目前自治区广电局机关服务中心在岗人员 46 人，实际在中心工作 36 人，这个人数目前按机关编制配置后勤保障人员比例看是比较多的，究其原因有：一是由于服务中心是独立运行，为保证正常工作运行需要设置相对齐全的机构和岗位，同时由于管辖区域多，相应的岗位需要配备足够的人员负责。二是 2014 年出版局和广电局合并时，两局服务中心也合并，当时中心人数一度达到 82 人，后经裁员、车改、退休等减到目前 47 人。2018 年机构改革，出版局和电影局剥离，局机关干部编制减少，但服务中心却没有拆分，自然会出现比例失调情况。三是服务中心人员管理相对封闭，中心人员较难和机关及其他兄弟单位交流，落实编制和减少人员只能靠改革裁员和自然减员来实现，途径比较单一。

二、问题和困难

目前机关服务中心的体制是根据 1993 年中央机构编制委、国务院机关事务管理局《关于印发〈国务院各部门后勤机构改革实施意见〉的通知》（中编办〔1993〕33 号）文件精神形成的。文件要求"将后勤服务部门从机关行政序列中划出，改为事业单位。使用事业编制，列支机关事业单位经费，与机关序列脱钩"；"改革机关后勤机构，其主要内容是：实行行政管理职能和服务职能分开，将现在统一由机关后勤机构承担的行政管理和服务两种职能分开。分别由两种不同性质的机构承担。其中，行政管理职能，主要指机关财务管理、房产管理、基本建设管理、物资设备管理、环境秩序管理、后勤服务的规划、协调与监督管理"；"机关后勤机构的服务职能，是指为保障机关办公和职工生活提供各项劳务和技术服务的职能。主要有：机关食堂、车队、医务室、技工班、电话班、传达室、服务班、浴室、理发室、锅炉房、洗衣房、小卖部、生活福利科（处）、副食品基地（绿化基地）、幼儿园、疗养院（休养所）、宾馆招待所、房屋修缮队（修建队）、印刷厂、修理厂、礼堂等方面的服务工作"；"机关后勤服务职能从机关行政序列划出后，设立服务机构，承担各项服务职能。服务机构称'××机关服务中心'"；"机关服务中心实行单独核算，与机关建立经济核算关系，可以对外开展经营服务和举办经济实体。"根据上述文件精神，广西对各级党委政府机关后勤管理进行改革，除党委政府本级设立机关事务管理局外，其他直属单位也相应成立机关（后勤）服务中心。在多年的运行中，机关服务中心存在着自身难以解决的机制和体制上的问题：

（一）服务职能社会化，与机关本部行政管理界限不清

自治区广电局机关服务中心自成立以后，一直实行独立运行模式，独立设置相应机构，安排相应岗位人员进行管理。在做好中心内部管理工作的基础上，承担了除机关财务管理外的机关后勤行政管理职能和服务职能。二十多年来，服务中心在保障机关正常运行，改善干部职工生活、稳

定职工队伍、管好资产和节省开支等方面做了大量工作，得到机关干部职工的充分肯定。但随着改革的不断深化，原属机关后勤特有的一些机构已经消失，比如医务室、电话班、理发室、幼儿园、招待所等。一些管理职能和服务项目实行社会化购买服务，最先实行的是物业管理，比如办公区水电日常管理由中标物业公司负责，车辆保障工作在车改后仅保留了 9 辆应急通信、执法和老干部保障用车，不再提供普通公务用车保障，重大会议活动采取租车等市场化保障方式，车队保障的作用也大大降低。特别是党的十八大和"八项规定"出台后，对各项津补贴发放进行了规范，导致原来可由服务中心来发放的职工福利也被停止了，从而更降低了机关服务中心在机关干部职工心目中的存在感；在行政事务上与机关处室工作界限不清，在部分项目的实施与管理上被机关处室替代，服务中心的服务与管理职责逐步社会化与弱化，边缘化的趋势越来越明显。

（二）多种用工形式的人事管理模式加大了管理难度

1. 在岗用工状况。

在岗人员用工可分为三种情形，一是机关服务中心编，二是技术中心编，三是编外聘用人员，这几类人员管理上都存在一些问题。

（1）机关服务中心使用"老人老办法"后勤控制数编制的 11 人中有 9 人是部队转业复员带编安置人员，有 2 人是原来有正式编制的人员，这部分人在 2006 年核编时被定为使用后勤控制数但保留"老人老办法"身份人员。"老人老办法"是一种过渡性政策，这些人员应在此后重新确定编制或进行适当分流。但十多年过去了，此问题只有靠自然减员进行消化，并无主动解决的迹象。

（2）技术中心的 11 名编制人员其实全是机关服务中心通过劳动部门正式招工和接收复退军人安置人员，由于历史原因，一直未能解决编制。直到 2012 年在自治区广电局党组的关心下，通过人事部门努力，向区编办申请用当时技术中心空闲的后勤控制数编制才解决了入编问题，但这些职工的编制全部落到各地市的技术中心分中心所属台站中。由于服务中心和技术中心工资结构和福利待遇不同，技术中心本部和各分中心台站的待遇也有差异，导致这类人员的许多待遇兑现不了，比如工人技术等级待遇大多兑现不了。遇到国家各种机关事业单位福利待遇改革时，就会出现如车补、伙食补贴、通信补贴、物业补贴兑现不了或存在差异的问题。

另外，由于这类人员本身就在服务中心工作，且家庭基础都在南宁，原来给他们解决编制时组织上是考虑按先解决编制，再逐步调回服务中心的步骤进行，但以目前政策，回服务中心已不可能。希望能够将这类人员调回技术中心驻南宁单位，便于今后特别是退休后的管理。

（3）编外 22 名人员中，中心使用 15 名，分别在会计、出纳、收发、保洁、车队司勤、食堂管理、厨师、服务员岗位；局机关各处室岗位有 7 名人员。

劳动合同制聘用人员与中心签订劳动合同，应按照劳动法和劳动合同法来规范管理，实行协议工资制，由局机关和服务中心制定工资标准报局里批准后实施。按照劳动法规定，这部分人员加班应予以发放加班费，但由于局里根据编内人员不能发放加班费的政策，对编外人员也不允许发放加班费，导致他们对此颇有微词，工作积极性不高。此外，原来局里同意在编内人员工资调整时，也同时给这类人员按相应比例调整工资，但每次落实起来都比较困难，导致编内编外人员工资差异逐渐增大，同工不同酬问题也日趋严重。

2. 退休人员管理。退休人员有 20 人，其中有服务中心编制 11 人，有技术中心编制 9 人。自服务中心成立以来到广电局和出版局合并前，机关服务中心的退休人员均归局离退处统管，两局合并后改为服务中心自行管理。服务中心退休人员经费财政只给编内的 11 人核算经费，技术中心编人员由技术中心负责向财政核报，这笔经费无法转到服务中心账上，编外人员财政不予核报。因此服务中心只能将 11 名编内退休人员的经费分摊到 20 个人来使用，随着退休人员的增加，退休人员经费缺口会增大，管理将会越来越困难。

三、对策和建议

（一）总体思路

认真贯彻党的十九大精神，以习近平新时代中国特色社会主义思想和系列重要讲话为指导，以管理科学化、保障法制化、服务社会化为方向，以提高保障效率和质量为宗旨，以改革为动力，把保证机关正常运转和满足干部职工日益增长的后勤保障需求作为出发点，实现机构改革有新的突破，服务理念有新的改观，服务水平有新的提高，保障能力有新的加强的发展目标。改革总体思路是：1. 以改革为契机，破除影响事业发展的体制机制障碍，抓住机遇，及早谋划，充分调研，进一步完善机关后勤职能，实现后勤服务提供主体多元化和提供方式多样化。2. 以服务机关为宗旨，强化大局意识，统筹平衡好管理和服务的关系，紧密围绕局中心工作抓好服务保障。3. 以服务保障社会化为方向，转换后勤保障运行机制，积极推动后勤保障社会化工作，增加向社会购买服务比例，不断适应社会发展和改革要求。

（二）明确定位，厘清职责，承担起所属的行政管理职能

服务中心虽然规模不大，但"麻雀虽小，五脏俱全"，有一套完整的行政运行机制，人员管理、文书档案管理、财务管理、党务工作、工青妇工作、退休人员管理自成一体，日常事务性工作纷繁复杂，需要安排相应人员和岗位。随着机关后勤社会化改革的不断推进，机关服务中心的职能有所调整，由重服务职责转变为重监督管理、协调职责。2011 年 3 月 23

日发布的《中共中央国务院关于分类推进事业单位改革的指导意见》指出"对完全承担行政职能的事业单位，可调整为相关行政机关的内设机构，确需单独设置行政机构的，要按照精简效能原则设置"，2018 年 3 月 4 日颁布的《中共中央关于深化党和国家机构改革的决定》指出"主要为机关提供支持保障的事业单位，优化职能和人员结构，同机关统筹管理"。根据这两个文件精神，建议参照其他区直单位后勤机构设置的做法，机关服务中心依然保留事业法人性质，但人事、财务、党务、工青妇工作、退休人员管理由局机关统管，内设机构按精简高效的原则配备相应的管理人员，工作由局办公室统一安排，进一步实现机关后勤精简、务实、高效的改革目标。

（三）推进机关后勤管理社会化

根据国务院办公厅《关于政府向社会力量购买服务的指导意见》（国办发〔2013〕96 号）文件精神及机关后勤保障社会化的总体要求，自治区广电局机关后勤保障社会化工作已取得一定成效，比如办公区物业管理实行了政府采购，部分大型会议活动的会务保障和车辆保障采用对外采购方式，部分设备维护也进行了采购服务改革。目前，自治区广电局还可以实行社会化服务的是机关食堂。区直大部分单位食堂均采取外包方式运行，建议自治区广电局也采取通过招标采购方式，将机关食堂外包给有资质、有实力的餐饮企业，引入专业的食堂管理团队，解决长期以来困扰机关食堂的管理人员不专业，管理不规范、不到位，小额采购成本高、聘用人员费用高、存在劳动争议风险等问题，力争为机关干部职工提供更专业、更丰富、更实惠的餐饮服务。

（四）搞活用人机制，创新管理模式

一是打通服务中心人员交流关口，让服务中心人员也能和机关及直属

单位进行交流；二是尽快落实将广西广播电视技术中心编制人员从各地市分中心台站调回驻南宁单位工作，消除这些职工的后顾之忧，同时也利于分流富余人员；三是对聘用人员及返聘劳务用工人员进一步清理，合理设置岗位，对不能满足岗位用人需求的，由双方协商一致解除劳动合同，并按劳动合同法等法律规定支付经济补偿。对于仍有岗位需求的人员，改为实行劳务派遣方式，转由劳动派遣公司负责签订劳动合同，承担劳动关系法律责任，以避免因用工产生的劳动争议风险。

自治区广电局机关服务中心在下一步工作中，将不断增强"四个意识"，牢固树立"四个自信"，坚决做到"两个维护"，紧紧团结在以习近平总书记为核心的党中央周围，高举习近平新时代中国特色社会主义思想伟大旗帜，在自治区广电局党组领导下，围绕"壮美广西、智慧广电"工程等局中心工作，统一思想、统一行动，按照实现管理科学化、保障法制化、服务社会化的目标，积极探索机关后勤管理保障新路子、新模式、新手段，结合调研成果，学习其他兄弟单位好的做法和成功经验，采取合理有效的对策和措施，积极稳妥推进机关后勤体制机制改革，打造一个职责明晰、人员精干、管理规范、优质高效、保障有力的机关后勤机构。

广西音像资料馆音像档案管理工作浅谈

课题负责人：储广宇

责任人：储广宇　钟梓全

音像资料以真实、生动、形象的记录，直观地反映了人类社会在不同时期、不同领域的发展轨迹。随着人类的文明进步，音像资料已经成为一种无形的文化资产，其档案价值、社会价值及历史再现的特性，在社会生活中正发挥着越来越重要的作用。联合国教科文组织于 2005 年将每年的 10 月 27 日定为"世界音像遗产日"，就是为了提高公众为后人保存和保护重要音像遗产的意识。最近热播的时政纪录片《我们走在大路上》，则几乎全是由 1949 年以来各个时期的历史音像档案资料剪辑而成。因此，在积极打造智慧广电媒体，努力发展智慧广电网络的今天，采取现代科技手段，通过媒体融合的方式，对历史音像资料进行抢救整理并进行合理的开发利用，为"壮美广西、智慧广电"工程建设及社会各界服务，显得尤为重要和紧迫。

一、音像档案管理的特点和难点

音像资料行业是随着广播电视等电子媒体的发展而产生的一个行业，

与记录文字图片的纸质档案相比，音像资料记录于磁带、光盘、硬盘等存储介质中，这类介质材料易氧化、易霉变，易受磁场和光照影响，因此，音像档案对保存环境的要求要更加严格苛刻，占地面积和成本投入也要大得多。纸质档案在适合的环境中可以保存几百年甚至上千年，而音像磁带的理论寿命只有 20 年，光盘的寿命也只有 70 年。在音像档案的管理维护中，尤其是对录像磁带而言，必须制定复制周期，及时进行资料备份或数字化转换，否则其信号质量会随着磁粉的脱落、磁带寿命的到期而下降，面临着自主消磁直至损毁的风险。

国内各部门单位纸质的文字档案、人事档案等，在各地档案局的统一要求下，已能做到规范化管理。但对于音像档案，特别是近四十年随着国内广播电视行业的兴起而形成的大量音像节目，社会各界长期以来对其重要性没有形成普遍的共识，音像资料的整理、归档和储存，至今缺乏有针对性的法律法规来进行规范。各类音像档案主要是由各地各部门分散管理，这就导致音像资料的归档整理工作投入少、规模小、专业性不强，没有形成自上而下的有效管理体系。

二、广西音像档案管理中存在的问题

广西的音像资料主要集中在区、市、县各级广播电视部门，在一些大专院校及企事业单位中也有部分留存。多年来，各级电视台肩负着繁重的宣传报道及安全播出等工作，在资金人员短缺的情况下，对历史节目资料大都无暇进行系统的备份整理。这些年广西本地的音像档案管理工作中，具体存在以下几种情形：

（1）由于 20 世纪的传统节目录像带都为模拟格式，各级电视台在向数字化、高清化的发展过程中，模拟录像机由于缺乏维护大都损坏报废，无法对传统录像带进行播放读取，一些电视台即使有计划对本台的历史音像资料进行抢救备份，面对堆满库房的节目磁带，也已力不从心。

（2）在早期使用音像磁带进行广播电视节目制作时，一些部门单位由于经费紧张，资料意识淡薄，往往将记录有音像节目的录音带、录像带反复使用，一些珍贵的历史声音和画面因此被抹去。我们曾前往某市级电视台复制克林顿来访的音像资料，当时便被台里节目人员告知，因为台里拨款不足，这些磁带很快将要被用于录制新的节目内容，我们若再来晚些，这些音像资料就无法再找到了。可悲的是，这种现象当时在许多广电部门中都有存在。

（3）一些部门单位由于责任心不强或是专业知识匮乏，人为地造成了历史节目磁带保管不善。如同一电视台中，新闻部由于领导重视则历史资料保留完好，而国际部则将节目磁带堆放于地下室，导致磁带受潮损毁，让人痛惜。纪录片《解放广西》的数十盒珍贵素材带就是因库房条件简陋而造成磁带发霉变质，资料损毁。

（4）广电部门的一些领导站位不高，前瞻性不足，只注重短期行为，没有积累资料、夯实基础、长远发展的意识，没有认识到音像档案工作同样是广播电视事业发展的重要基础性工作。面对库房里的老旧节目磁带，他们没有意识到这是一笔珍贵的历史财富，而是当成了一种占地方的累赘，有的甚至是将历史音像磁带当作废旧直接处理。

化学腐蚀、技术陈旧、疏于保护以及部门领导不够重视等因素，使广西各级广播电视台及企事业单位的音像档案管理工作处于困境。近年来，随着计算机网络技术和存储技术的发展，广西各级广播电视部门已陆续采用硬盘播出系统，其制作的节目资料也普遍保存于磁盘阵列或数据流磁带中，从而大大改善了音像档案的存储条件，使损毁风险大为降低。对于老旧历史磁带，许多部门将其移交给当地档案馆，保存条件得到了改善，但各地档案馆同样没有技术手段抢救这些历史音像资料。这些档案资料若得不到及时抢救，将会随着时间的推移、磁带寿命的耗尽而逐渐损毁，给广西历史文化事业造成不可弥补的损失。

三、广西音像资料馆基本情况

在广西的音像资料行业中，广西音像资料馆发挥着独特的、不可或缺的作用。

（一）广西音像资料馆现状

广西音像资料馆成立于 1987 年，是县（处）级公益一类事业单位，也是自治区唯一针对全区音像资料进行系统收集、抢救整理并提供利用服务的综合音像资料馆，设有资料库、制作室、审片室及其他设备机房和办公场所，共约 300 平方米。现有编制 4 人，同时外聘及购买服务人员5 人。

经过三十多年的快速发展和沉淀积累，广西音像资料馆已成为全广西保有新旧各种录像机类型最齐全、格式最多样的专业机构，包括早期的1/2 英寸 VHS 格式录像机、Betamax 格式录像机、3/4 英寸 U-matic 格式模拟信号录像机，以及数字标清 DVCPRO 格式录像机、数字高清HDCAM 格式录像机等。这些 1980 年至 2000 年的各种格式录像机都维护良好，并能正常使用，这充分保证了在抢救历史音像资料的工作中，不同载体、不同格式、不同历史时期的各类影像资料都能实现正常的画面还原和完整备份。

（二）广西音像资料馆的资料收集及抢救备份工作

1. 广西音像资料馆早期资料收集工作。

广西音像资料馆自建馆开始至 1994 年期间，主要收集海外影视节目，并进行整理编译，供广播影视创作人员观摩使用。1994 年以后，逐步加大了具有本地区特色音像资料的收集力度，馆藏总量迅速增加，馆藏结构日趋优化。但由于技术条件的限制，当时收集储存资料的方式手段还比较单一，以购买资料并入库保存录像带为主。1999年，广西音像资料馆利用专项资金，从中国电影资料馆购买了《壮族人民迎新春》《李宗仁先生从海外归来》《白母寿庆》等有关广西历史的100分钟珍贵资料；同时又与广西电影制片厂合作，对广西电影制片厂片库中保存下来的共35部新闻类影片进行了抢救性胶转磁处理，转制成录像带后入库保存。2000年，资料馆开始建立DVD刻录系统，使收集保存音像资料的方式手段开始由模拟录像带方式向DVD光盘数字化方向变革。

2. 广西音像资料馆抢救备份历史音像资料工作。

针对当时各地电视台由于电视节目磁带的损毁而造成音像资料不断流失的严重情况，2002年4月25日，自治区广播电影电视局颁布《自治区广播电影电视局关于在全区系统内实行音像资料统一备份管理制度的通知》（桂广发字〔2002〕73号），授权广西音像资料馆对全区广播电影电视系统的音像资料实施统一备份管理，要求广西音像资料馆做好抢救老旧磁带音像资料的数字化备份工作，并对所保存的音像资料进行科学管理，保证音像档案的完整性和连续性，尽可能避免珍贵影像资料流失。广西音像资料馆也因此成为全国第一家对省级广电系统内音像资料开展数字化抢救性备份工作的音像资料馆。

广西音像资料馆首先针对当时广电基础设施较薄弱的一些地市电视台开展数字化备份试点工作，先后对百色、钦州、贵港、河池等市级电视台，以及合浦、东兰、巴马等县级电视台录制的早期重要节目资料进行了抢救备份。

经过两年的试点工作，广西音像资料馆对各地广电部门的音像档案管理工作有了更直观的认识：

（1）只有极个别条件较好的电视台如南宁电视台已经开始着手进行传

统节目录像带的抢救备份工作，其余大部分电视台都没有这方面的计划。

（2）一些地市级电视台中节目资料的保存条件较差，如北海电视台由于地处沿海，库房又没有基本的防潮措施，节目磁带大都发霉粘连，无法使用。

（3）某些地方广电局台领导空守着库房的历史资料不作为，自身没有能力抢救，也不愿意与广西音像资料馆合作，使这项工作的开展遇到很大的阻力。

（4）多年来各地市电视台中的重要优秀节目普遍上送广西电视台播出，广西电视台荟萃了全区各类电视节目资料，特别是广西台新闻部的音像档案由于历届部门领导的重视，得到了较为完善的保存。

时任广西电视台新闻部主任的庞通同志大力支持广西音像资料馆开展的抢救历史音像资料工作，希望广西音像资料馆能与广西电视台合作，共同开展广西电视台历史音像档案的抢救备份工作。广西音像资料馆在人力物力都有限的情况下（当时只有 6 名工作人员），从 2005 年 1 月开始，将抢救备份工作的重心放在了当时广西电视台新闻部的音像档案资料上，多年来陆续抢救备份了新闻编片带（即用于制作播出版节目的无字幕初编带）资料 6186 小时，同时还抢救了广西电视台国际部、总编室等多部门的新闻、专题、电视剧等历史资料，使广西电视台现存的 1982 年以后的历史音像档案，特别是各种传统模拟格式的磁带节目资料得到了有效的数字化备份。

3. 广西音像资料馆抢救历史音像资料的重要意义。

从 2002 年至 2018 年，广西音像资料馆运用网络化数字化技术，建立了媒体资产管理系统和数字采集系统，提高了音像资料的管理效率，形成了一套成熟的抢救整理历史音像资料的工作机制，收集了大量反映广西各行业发展历史以及具有民族文化特色的珍贵资料，共抢救备份各类因保存条件和载体寿命等原因而濒临损毁的历史音像资料 10000 多小时，每条资料都归档整理并录入媒资系统，履行了自治区广电局赋予广西音像资料馆的任务和使命，同时也奠定了广西音像资料馆作为全区唯一开展抢救整理历史音像档案专业机构的地位。这项工作开创了全国的先河，湖南音像资料馆、四川音像资料馆等都曾派人到广西音像资料馆学习交流相关经验。可以想象，如果没有这项抢救工作，这些珍贵音像资料将会因磁带的寿命到期以及播放设备的老化而流失，广西社会发展的影像资料必将缺失，我们给后人留下的将是一段不连续、不完整的音像档案。

截至 2018 年 12 月底，广西音像资料馆馆藏资料总量已从 1995 年的 2708 小时，增加到了 34366 部 46859 小时。在广西音像资料事业的发展历程中，广西音像资料馆工作人员用实际行动很好地诠释了"功成不必在我，功成必定有我"的历史担当。

（三）广西音像资料馆的资料开发利用工作

在收集、整理、研究音像资料的基础上，广西音像资料馆积极利用馆藏资料为领导决策服务、为广播电视宣传服务。主要有：为纪念中华人民共和国成立 50 周年而制作的大型系列专题片《解放广西》提供有关李宗仁、白崇禧的珍贵影视资料；在自治区成立 50 周年宣传报道活动期间为广西电视台各类节目制作多次提供包括"贺龙同志率中央代表团参加广西壮族自治区成立庆祝活动"等内容的珍贵音像资料；为自治区党委宣传部制作纪念辛亥革命 100 周年专题片《孙中山与广西》提供有关越南影像资料；向自治区党委党史研究室提供赵富林同志 1991 年至 1996 年在广西工作考察的视频资料，供赵富林回忆录写作组使用等等。

近年来，广西音像资料馆还积极与广西民族博物馆合作，作为协办单位参加了多届"广西民族志影展"。2018 年，由广西音像资料馆提供的民俗资料片《东兰三月三铜鼓会》在影展上作为开幕影片放映，引起了与会专家学者的关注。该片是资料馆于 1992 年 4 月组织人员赴东兰县拍摄制作的民俗风情资料片。利用"广西民族志影展"这个面向全国、辐射东南亚的国际民族志纪录片展示平台进行资料片展影活动，是广西音像资料馆为更好开发利用音像资料所做的一种有益尝试，对弘扬优秀民族文化，向世界讲好广西故事，传播好广西声音起到了良好的推动作用。

四、广西音像资料馆面临的突出问题

（一）收集音像资料的种类、渠道和方式过于单一

1. 只注重收集广电行业内的音视频资料，忽视图片资料以及高校等其他单位的资料收集。

近年来，广西音像资料馆收集了大量珍贵的历史音像资料，但在收集资料的种类上，只注重于抢救音视频音像资料，对历史图片资料有所忽视，其实图片资料是音视频资料的一个很好补充。历史事件和场景由于当时的条件所限往往没有留存有音像资料，这时图片的资料就更显珍贵。而广西音像资料馆在此方面不够重视，着力不多。

在收集资料的渠道方面，广西音像资料馆原来主要是抢救备份广西电视台和各市县级电视台的音像节目，另外就是从市场上购买国内外优秀影视作品，忽视了对大专院校及企事业单位的资料收集工作。这些院校单位中的音像档案虽然不多，但也各有特色，同样记录了广西改革发展及历史文化的变迁，需重视收集。

2. 拍摄资料范围和方式单一，忽视口述历史等人文采访方式的资料收集。

广西音像资料馆过去的自拍资料主要是以自治区广电系统的各项重大活动为主，拍摄记录了多年来广电部门不同时期的事业发展历程。但限于专业人员缺乏，广西音像资料馆一直没能扩大拍摄资料的方式和范围，没有系统性地组织拍摄一些有影响、有深度的题材内容。

口述历史采访活动，是通过调查采访等方式，采用录音、录像等技术手段，记录历史事件当事人或者目击者的回忆而保存的口述凭证。这些当事人的口述既是对历史的一种生动具体的反映，也是对历史文献的一种补充和参考。国内的口述历史节目有崔永元策划的《电影传奇》《我的长征》，上海音像资料馆启动的"老广播人口述历史项目"，湖南电视台开展的"湖南籍抗战老兵口述历史记录"等等。广西的重大革命历史题材是极为丰富的，早期有百色起义、湘江战役、广西抗日、广西剿匪等，近期也有援越抗美、自卫还击战等，但口述历史采访活动在广西的开展却是空白。如今广西重大历史事件的见证者中有一些已经逝去，在世的许多人也已步入高龄，不少人身体状况不佳，他们每个人的离去都会不同程度地造成广西本地历史记忆的流失。针对这些历史见证者的"口述历史"所开展的访谈工作，同样也是抢救历史档案的工作，同样非常紧迫，有着特殊的意义。因此在广西尽快开展口述历史采访工作，广西音像资料馆责无旁贷。

（二）音像资料开发利用的深度和广度不够

抢救和存储音像资料的目的是更好地开发和利用，对历史资料进行开发利用才是音像资料管理的价值所在。与日益增长的馆藏总量相比，无论是在资料开发利用的广度还是深度上，广西音像资料馆都没有达到相对应的水平。

从广度上看，广西音像资料馆的音像资料仅在小范围内供政府领导及相关部门使用，为一些党政宣传纪录片的制作提供所需资料，没有能以更接地气的方式深入到广大人民群众中去，满足他们日益增长的精神文化需求。这些音像资料记录着人民的生活，凝聚着群众的智慧，理应回归到广大人民群众中去，为广大人民群众所用，这样才能更广泛地发挥出这些音像资料的价值，激发其更强大的生命力。

从深度上看，需要通过对历史音像资料进行系统的文艺理论研究，总结出有深度的学术成果，为今后的艺术创作提供可资借鉴的理论根据。由于受到专业人才缺乏等因素的限制，这方面的工作广西音像资料馆至今仍未能开展，很多具有研究价值及广西民族特色的音像资料被束之高阁。

（三）基础建设的软硬件问题

1. 资料存放库房及业务用房紧张。

广西音像资料馆现有标准资料库房 2 间，面积 35 平方米，另外还有 1 间简单搭建的 40 平方米镀锌板房作为临时片库使用，对于已达 34000 多部，20000 多盒（套）光盘录像带的馆藏来说，这 75 平方米的库房面积早已不够使用，更何况每年还有因抢救备份业务扩大而产生的历史音像资料，以及向外购入的海内外优秀影视作品等。资料馆的片库面积已无法满足音像资料事业发展的需要。

另外，资料馆除了馆领导和财务人员各有 1 间单人办公室外，其余 5 间房全都已作为业务用房使用。随着各项资料开发利用工作的进行，以及口述历史采访活动的开展，业务用房面积已不足。广西音像资料馆面临着珍贵音像资料无处保存，新的业务工作无场地开展的困境。

2. 资料馆专业人才短缺，人员素质有待进一步提高。

传统的广播电视与新媒体融合发展，是我国传播文化的主要发展趋势。广西音像资料馆原来的编制数量少（4 个编制），人员结构简单，计算机网络及广播影视专业人员匮乏，这严重制约了对历史音像档案进行抢救备份等工作的进展，也使得资料的收集渠道和方式因现有工作人员知识和技能的局限，无法实现多样化。例如针对广西老红军、老战士的口述历史采访活动，就因为广西音像资料馆缺乏新闻采编人员而迟迟无法推进，至今只采访了某航空兵英雄中队政委、特级飞行员向晋昌老前辈一人。2019 年 7 月，自治区编委已批准广西音像资料馆更名为广西广播电视信息中心，加挂广西音像资料馆牌子，编制数增加为 12 人。但新机构同时增加了包括广电博物馆维护、区广电局门户网站管理及广电系统信息报送等新的职能，而原信息中心现有人员的工作量也处于饱和状态，从事音像资料工作的高素质专业人员仍然不足。

另外，广西音像资料馆对员工开展学习新理念、新技能、新技术的培训工作重视不够，工作人员对媒体融合的学习掌握情况不理想，直接影响了广西音像资料馆对"壮美广西、智慧广电"内容建设等自治区广电局中心工作的参与。

五、广西音像资料馆针对存在问题采取的相应措施

（一）突破传统，转变思维，多角度拓展资料收集渠道

1. 加大收集珍贵历史图片力度。

2019 年 1 月，经过与"自治区成立 60 周年筹备委员会办公室宣传文化组"多次沟通商洽，广西音像资料馆积极争取到了备份保存自治区成立 60 周年成就展所收集的近 3 万张图片及多部视频资料的机会。这批来自全区各系统、各行业的资料内容全面、意义重大，对有关文献资料的研究和利用也有很高的学术价值，保存收集这些资料，能有效地提升广西音像资料馆的馆藏水平。这批珍贵图片现已完成备份，广西音像资料馆将适时组织人员整理归档。

同时，利用负责统筹改造区广电局博物馆的机会，广西音像资料馆还收集备份了广西人民广播电台、广西电视台、广西电影厂、广西技术中心、原广西新闻出版系统等多个单位近千张历史图片，保证了原广西新闻出版广电局历史档案资料的完整性和连续性。

广西音像资料馆在机构改革工作完成后，对于原信息中心所拍摄留存的各类图片资料，也计划整理入库，系统保存，并继续做好收集自治区广

电局各项活动图片的工作。

2. 继续做好历史音像资料的抢救工作，适时扩大抢救范围。

抢救早期模拟格式节目磁带是广西音像资料馆的独特优势。充分发挥这个优势，做好音像资料的抢救备份是资料馆的使命和责任。

广西的历史音像档案大部分留存于现在的广西广播电视台，广西电视台仍然有许多珍贵的历史音像资料有待抢救备份，特别是广西电视台20世纪80年代以来的重点栏目《广西新闻》播出版，其每期都由宣传部审核定稿，是广西电视台上送中央电视台并进行评奖交流的正式播出节目，记录了30多年来自治区每天所发生各类重大事项的历史影像，是广西电视台的立台基础。其模拟格式节目量约有2000小时，但广西电视台由于自身已没有模拟格式的录像机设备而无力抢救。广西音像资料馆计划逐步开展对《广西新闻》播出节目带的抢救备份工作，这也是资料馆今后一段时间的工作重点。

广西音像资料馆曾于2017年通过一些渠道抢救了广西艺术学院81部36小时的历史音像档案，但限于人力物力方面的不足，对于大专院校、企事业单位以及各地档案馆的历史音像档案，一直无力进一步开展更多工作。资料馆计划先与广西区内各院校单位及各地档案馆进行沟通，调查摸清他们各自历史音像资料的保存数量、损坏程度等情况，争取与其建立长期合作、互利共赢模式。在条件许可时，再适时进行科学合理的资料备份和整理归档，扩大资料备份工作的范围，多渠道丰富资料馆的馆藏。

3. 组织开展口述历史收集活动，以音视频形式保存口述历史。

广西音像资料馆经报自治区广电局批准，于2019年在广西首次开展了广西重要历史事件见证人"口述历史"系列采访活动。采访对象主要选择1949年以来广西重要历史过程的亲历者，从他们的口述中，记录下广西本地政治、经济、文化、教育及边防建设等方面具体、生动、真实的历史资料，以挖掘保存即将逝去的历史细节，补充完善文献资料的不足。

广西音像资料馆口述历史采访活动近期计划分为两个系列：一是广西军区和原空七军已离退休或转业的部队领导和官兵系列，由他们亲口讲述他们所经历的如解放广西、援越抗美、自卫还击战等各个历史事件的真实细节，通过这种方式抢救整理有关广西地方边防和军队建设的音像资料，弘扬铭记历史、崇尚英雄的爱国主义精神；二是广西"老广电人"系列，通过采访拍摄广西电台、广西电视台、广西技术中心、广西电影厂等一批老前辈，回溯和记录前辈们当年的创业历史，建立起一份全面、真实、生动的有关广西广播电影电视事业发展轨迹的历史档案。

在采访活动中，广西音像资料馆将同时收集相关历史照片、手稿、信函、文件等珍贵史料，以确保历史记录的丰富和完整。而随着这项工作的开展和各种口述历史资料的积累，在条件合适时，也可以考虑建立广西本地口述历史博物馆，从而为时代、为后人留下广西好故事、广西好声音。

（二）采用多种形式开发利用馆藏音像资料

1. 融入"壮美广西、智慧广电"工程，积极参与广西数字网络图书馆（数字"农家书屋"）工程的内容建设。

"壮美广西、智慧广电"工程的开展，为广西音像资料馆进一步开发利用馆藏资料提供了新的思路。

经与自治区广电局"智慧广电"办公室及广西广播电视报社协调沟通，广西音像资料馆依托数字广西"广电云"村村通户户用平台，发挥自身音像资源的优势，积极参与到广西数字网络图书馆（数字"农家书屋"）工程的内容建设当中。在广西广播电视报社搭建的"新天地—音像馆"这一公益性平台中，设立了"海外影视""国产电影""广电音像"等板块内容，为城乡公共文化服务提供内容供给，满足广大人民群众的精神文化需求。在此基础上，资料馆计划与广西广播电视报社等单位进一步深度合作，开发适合"壮美广西·智慧广电"工程需要的内容板块，为推动传统媒体和新兴媒体融合发展，推动广播电视智能化发展和综合利用，做出自己的贡献。

2. 在县级融媒体中心以"优秀影片展播"的形式开发利用音像资料。

2019 年 7 月，广西音像资料馆以中华人民共和国 70 成立周年为契机，与广西电视节目交流供片中心进行合作，在 75 个县（区、市）级融媒体中心举办中华人民共和国成立 70 周年优秀电影作品展播，播放《董存瑞》《党的女儿》《五朵金花》《刘三姐》《上甘岭》等 27 部影片，充分展示优秀馆藏资料，使音像资料的开发利用真正深入到县乡文化建设中。这次展播活动，是广西音像资料馆经典馆藏资料与基层观众的第一次直接"接触"，受到县、镇、乡村群众的热烈欢迎。

同时，广西音像资料馆经过调研发现，广西贫困地区存在大量留守儿童，由于经济落后，文化服务匮乏，留守儿童的精神和娱乐需求无法得到满足。根据《国家广播电视总局　国务院扶贫办关于进一步做好广播电视和网络视听精准扶贫工作的通知》精神，广西音像资料馆与供片中心再次合作，于 2019 年 11 月联合举办"智慧广电、脱贫攻坚"优秀动画片展播活动，精心挑选制作《大闹天宫》《小蝌蚪找妈妈》等 20 部经典国产动画片，提供给县级融媒体中心特别是在广西 4 个极度贫困县播放，这也是广西音像资料馆利用馆藏资料推动精神文化扶贫，关爱留守儿童的具体举措。

这些展播活动的成功开展，为广西供片中心拓宽了片源渠道，丰富了县级融媒体中心的播出节目内容，充分发挥了各类历史音像资料的价值，为助力脱贫攻坚，弘扬社会主义核心价值观，传播正能量发挥积极作用。

3. 积极参与新广电博物馆内容建设，运用多媒体形式展示历史音像资料。

广西音像资料馆利用所拥有的各类独特资源，积极参与广西新闻出版广播影视博物馆的改造提升工程，以多媒体形式丰富博物馆各板块内容。

在广西广播电视板块，以多媒体形式播放老一代播音主持人的画面、声音，增加观众的时代感和体验感；在广西电影板块，植入广西电影的拍摄花絮和精彩片断；在特设的休息观影区，播放优秀的中外经典影片等等。新广电博物馆为资料馆提供了一个面向公众展示馆藏资料的实体平台，也是广西音像资料馆顺应媒体融合的发展趋势，合理利用历史音像资料的一个新尝试。

（三）完善音像资料馆的人才引进、培养和激励机制

广西音像资料馆编制数少是客观事实，但音像资料事业的发展不能光是"等、靠、要"。广西音像资料馆主动作为，加大专业人才的引进力度，在每年财政专项资金中，提高现有购买服务人员的工资水平，大幅增加购买人员服务的预算比例。2020 年计划聘用和购买服务人员的人数将由2019 年的 5 人增加到 14 人，引进急需的计算机网络和新闻采编人员，以实现音像资料收集渠道的开拓创新、抢救备份工作的扎实推进以及机构改革后新的职能任务的高效完成。这也是使年轻人乐于创业，安心工作，避免人才流失，保证广西广播电视信息中心及音像资料事业快速发展的重要举措。

同时，广西音像资料馆将立足自身，采用多种形式，加大对现有在编人员和聘用人员的专业培训力度，从而使音像资料馆的人才队伍适应资料业务学术化、数字化、信息化的需要，适应媒体融合发展的需要，适应智慧广电内容建设的需要。

六、希望上级部门协调解决的问题

（一）划拨增加资料库房和业务用房

广西音像资料馆馆藏已达到 20000 套（盒）光盘及录像带资料，现有

片库容量已接近饱和状态，考虑到未来 5 年馆藏资料的扩充预留需要，经测算所需片库面积为 150 平方米左右，而现在资料馆合乎标准的片库面积才有 35 平方米，还需增加 120 平方米左右的库房面积。

而口述历史采访、博物馆维护管理、开发利用音像资料等业务工作，都需要有相应的工作开展场地，至少需要 4 间共 50 平方米的业务用房。

广西音像资料馆依靠自身力量无法解决用房问题，需上级部门给予必要的协调和支持。

（二）在事业发展经费和人员编制的增加上给予扶持

广西音像资料馆是公益一类事业单位，无法经营创收，因此，无论是推动音像资料的抢救收集工作向数字化网络化转型升级，还是在广西开展口述历史采访活动，或是采用新媒体方式开发利用历史音像资料，或是组织人员对馆藏资料进行深度理论研究等，这些事业的开展，都需要上级部门给予资金上的扶持。

同时，单纯地增加薪酬和福利并不能稳定人才队伍，事业编制仍然是吸引高层次专业人才的重要条件。因此，需请上级部门继续适当增加广西广播电视信息中心（广西音像资料馆）的编制数量，以减少外聘人才的流失，保证各项事业持续稳定开展。

七、结语

30 年来，广西音像资料馆所从事的音像档案管理工作重要且富有成效，资料馆所抢救的各类历史影像资料已展现出无可替代的历史价值，在未来也必将绽放出应有的光彩。联合国教科文组织总干事奥德蕾·阿祖莱在 2019 年"世界音像遗产日"致辞中，这样描述了音像资料所能发挥的独特作用：它能够让我们与历史连接，理解今天的我们从何而来。

关于广西广播电视学校教学实习和校企合作的调研报告

课题负责人：黄滴滴

一、调研背景

2016 年 4 月，教育部等五部门颁发了《职业学校学生实习管理规定》，将教学实习中的认识实习、跟岗实习和顶岗实习正式纳入中职学校的专业教学方案。广西广播电视学校近年来根据文件精神逐步推进各项教学实习工作，但新问题也不断涌现。2019 年 7 月 24 日，习近平总书记主持召开中央全面深化改革发展委员会第九次会议，通过了《国家产教融合建设试点实施方案》，提出了促进教育和产业体系在人才、智力、技术、资本、管理等资源要素的集聚融合，打造高质量发展的新引擎。学校推进校企合作、产教融合的工作刻不容缓，而广西广播电视学校开展该项工作相对滞后，推进也较为缓慢。学校在"不忘初心、牢记使命"主题教育中，按"坚持问题导向，破解工作难题"的要求，结合不久前结束的自治区教育厅组织的中等职业学校星级评定中学校存在的问题，为破解学校在教学实习和校企合作中存在的问题，了解学生跟岗实习面临的困难，更好地服务于学生，进一步提高教育教学水平，学校组织开展了针对性的专题调研。

二、调研过程

为做好此次调研工作，学校多次组织会议进行专题的研讨，制定调研计划，由校长做了具体的工作部署。同时，在校内，教务科组织开展即将外出实习学生的座谈，通过班主任反馈学生实习思想动态。2019年6月11日至14日学校安排教务科和招就办的相关人员到深圳启悦光电有限公司对正在跟岗实习的学生开展调研，到生产岗位了解学生的工作情况，与学生谈话。同时，与东莞立讯精密有限公司、励德国际幼教集团、深圳旅鲨数码科技有限公司等企业洽谈开展校企合作的工作。8月15日，学校组织280多名学生按计划到东莞立讯精密有限公司进行跟岗实习，由马洪来副校长带队，相关科室人员及班主任共10人到实习企业，在做好学生实习组织工作的同时，也深入了解企业管理和企业文化，调研企业对人才需求情况。8月27至29日，由庞远平副校长带队，教务科和招就办负责人参加，再次到东莞立讯精密有限公司对正在跟岗实习的学生进行调研，两次召集实习过程中存在思想问题的46名学生进行座谈。深入学生宿舍与学生交流谈心，了解实习情况，检查安全问题。与企业管理人员和实习管理教师召开两次现场工作会议，了解实习情况，解决实际问题。考察大型国企惠州长城科技开发有限公司的实习就业条件。经过一系列调研，获得了第一手资料，了解了学生在实习、校企合作中存在的问题，提出了相应的整改措施，并组织实施。

三、调研发现的主要问题

通过前期的调研及对调研情况的汇总，主要存在以下问题：

1. 对教育部等五部门颁发的《职业学校学生实习管理规定》文件精

神领会不够，思想认识存在偏差，对教学实习重视不够，部分教师认为学生实习是去打工，不能深刻体会到实习对培养学生的专业能力、职业素养、自我管理能力、团结协作精神和吃苦耐劳精神的重要性。教师对学生思想教育不到位，在学校的专业人才培养方案中，也缺乏明确的目标，开展工作缺乏完整的计划。

2. 对学生的跟岗实习缺乏有效的教育和指导，实习指导课照本宣科，没能很好联系学生到企业实习的实际情况，对学生实习过程中遇到的困难和思想状况针对性不强，学生存在心理准备不足的问题。

3. 教学实习的相关管理制度还不够完善，教师、学生对管理制度了解不够，宣传教育存在偏差，制度执行力度也不够。

4. 学生在校学习期间，更多注重专业能力的提高，缺乏对职业素养和吃苦耐劳精神的培养，缺乏对企业文化和管理的了解，缺乏集体荣誉感，造成学生在实习前期思想不稳定，甚至出现擅自离岗现象。

5. 校企合作深入程度不够，有的仅签订合作协议，实施的力度不够，与企业共同开展课程共建还不到位，缺乏人员互派交流，校企共同培养人才实施不到位，产教融合不深。

四、针对性的整改措施

针对存在的问题，调研人员组织了现场研讨会，学校还专门组织了专题研讨会，提出了以下整改措施：

1. 组织专业教师修订专业人才培养方案，把教学实习作为教学的重要环节，结合专业课程教学，对教学实习进行统筹规划，在学制时间分配上作出新的调整，保证教学实习时间，明确实习目标，使学生通过社会实践提高个人的专业技能和职业素养。

2. 制订学生实习的工作计划，将跟岗实习的教育与指导纳入计划中，从新生入学开始就开展实习教育，并纳入日常的教育教学中；与企业合作，通过企业人员的切身体会对学生进行教育；做好实习动员，让参加过跟岗实习的学生向即将外出实习的学生介绍实习经验；每批学生外出实习时举行相关仪式，学生实习结束后召开总结会，奖励表现突出的学生和教师。通过多种方式对学生开展实习教育，使学生有充分的心理准备。

3. 完善实习管理制度，组织专人修订教学实习的相关管理制度，管理制度覆盖实习过程的每一个环节，师生共同学习制度，实习管理人员严格按制度执行。

4. 在日常的教学中，要将职业素养纳入教学目标中，要从职业道德、职业思想、职业行为、职业技能四个主要方面对学生进行培养。同时，通过校企合作的方式，介绍企业文化，以企业员工的要求教育和培养学生。将劳动课纳入教学计划，开设劳动课程，培养学生的劳动意识和吃苦耐劳精神。

5. 根据自治区教育厅 2019 年颁发的《广西职业教育改革实施方案》的文件精神，制订《广西广播电视学校教师下企业实践实施方案》，组织教师到企业进行学习培训，了解企业的工作岗位对学生职业素养的具体要求；让企业专家到校开设培训课程，制订专业教学大纲、课程标准有企业人员参与，企业参与学校的人才培养。通过努力，让更多的企业将一线设备投入学校教学，共建教学实习基地。

五、调研整改的初步成果

此次调研整改后，学校制订了完整的实习管理制度，组织师生共同学习，制度得到了有效落实。实习管理教师端正思想，积极引导学生，在企业实习的学生思想基本稳定，逐渐适应了企业的生产和管理，正在开展的实习工作顺利进行。校企合作方面，学校至今获得企业赞助资金近 300 万元用于实训中心建设，与 5 家企业签订校企合作，其中与 3 家企业共同制订人才培养方案，共建课程教学体系。开展了校企人才交流，至今已有四家企业安排了 6 位专家到学校讲课、培训，学校也安排了 4 位专业教师到企业进行专业技能培训。在合作的企业中，比亚迪新能源汽车、广东共创工业智能机器人都是国家新兴产业，对学校今后的专业发展及人才培养模式将起到重要的引领作用。

广西印刷包装技术人才实施"3＋3"
中高职贯通培养模式可行性报告

课题负责人：邓家旭

一、加快广西印刷包装技术技能人才培养的必要性

（一）积极对接广西印刷包装业发展

随着中国—东盟自由贸易区的建成和广西经济、社会、文化事业的发展，广西印刷业迎来一个快速发展的时期，印刷业规模进一步扩大。南宁、桂林、玉林等市仍是印刷业发展的主力军，包装装潢印刷保持良好发展势头。广西目前有印刷包装企业约 1600 家，资产总额 155.31 亿元，从业人员 3.6 万人。2017 年总产值 138.33 亿元（不含"三印"企业数据），利润约 6.36 亿元；2018 年总产值 143.73 亿元，利润约 6.61 亿元。印刷包装企业人才需求持续增长。

（二）主动服务广西印刷包装业结构调整升级

近年来，广西数字印刷快速增长，逐步引领行业发展。2016 年，广西印刷行业购置设备共 651 台，总价值 2.51 亿元。随着数字技术和网络技术的发展，印刷包装企业的印前设计、印刷操作、印后加工等环节对技

能人才的需求越来越多，对企业管理人才的层次要求也越来越高。在行业整合技术革新的大背景下，复合型人才倍受追捧，即掌握操作技能又懂得企业管理的人才更受青睐。

（三）深度融合中国—东盟绿色创意印刷产业园南宁园建设

中国—东盟绿色创意印刷产业园南宁园区是南宁市贯彻落实《广西壮族自治区人民政府办公厅关于加快印刷业发展的意见》（桂政办发〔2013〕119号）文件精神，加快发展印刷产业的重点项目，是南宁市印刷产业结构调整和转型升级的重大举措。中国—东盟绿色创意印刷产业园南宁园正式开工建设，以"面向东盟的绿色创意印刷产业园区"为总体定位，以绿色制造业、绿色创意印刷业为主导产业，目前已吸引二十多家以绿色创意印刷包装为主导的印刷企业正式签约入驻，初步形成印刷机械生产、印刷物资供应、出版物排版印刷、包装装潢设计及印刷的产业链。下一步，园区将整合政府、高校、科研机构、企业等各项资源，搭建集创意策划、加工生产、版权贸易、技术研发、技能培训、创业指导、信息交流和推广服务于一体的多方合作、资源共享、资源交换的外向型出版印刷公共技术服务平台。

表 1　全国大中专院校印刷技术类专业建设现状

序号	学校名称	办学层次	开设相关专业	在校生人数
1	北京印刷学院	本科	印刷与包装工程学院：印刷工程、包装工程 新闻出版学院：编辑出版学、数字出版 新媒体学院：数字媒体技术、动画	约 6800 人

续表

序号	学校名称	办学层次	开设相关专业	在校生人数
2	上海出版印刷高等专科学校	大专	印刷包装工程系：图文信息处理、数字印刷技术、印刷媒体技术、包装工程技术、包装策划与设计 印刷设备工程系：印刷设备应用技术、物联网应用技术、计算机信息管理 国家重点实验室：数字印刷工程实训中心、现代传播科学基础实训中心 上海印刷博物馆	约6000人
3	深圳职业技术学院	高职	传播工程学院：包装策划与设计、数字图文信息技术、数字出版、传播与策划	约23000人
4	安徽新闻出版职业技术学院	高职	图文信息处理、印刷媒体技术、包装策划与设计	约4500人
5	江西新闻出版职业技术学院	高职	印刷媒体技术（世界技能大赛班）、图文信息处理、数字出版（电子图书方向）、包装艺术设计、数字媒体应用技术	约5000人
6	上海新闻出版职业技术学校	中专	平面媒体印制技术、计算机平面设计、数字媒体应用技术、美术设计与制作	约3500人
7	江苏省新闻出版学校	大专中专	大专（江苏联合职业技术学院）：数字图文信息技术、数字出版、广告设计与制作 "3+3"大专：计算机平面设计（对接南京机电职业技术学院） 中专：计算机平面设计、平面媒体印制技术、美术设计与制作、动漫	约3000人
8	广东省新闻出版高级技工学校	中职	印刷技术、数字印刷技术、图文信息处理、数字出版、美术设计与制作、计算机广告制作	约3500人
9	广西新闻出版技工学校	中职	印刷技术、印刷图文信息处理、数字印刷技术、数字媒体技术	约1600人

二、广西印刷包装技术技能人才培养存在的短板

广西新闻出版技工学校作为广西唯一培养印刷包装技术人才的学校，在人才培养上存在以下短板。

（一）专业设置不全，群集优势不足

印刷包装技术技能人才培养设置的专业不全，限于传统岗位和工种，适应现代新技术应用的专业还很少。

（二）招生规模偏小，人才供给不足

每年招生只有 300 多人，远没有达到社会的需求。

（三）实训基地滞后，先进设备缺乏

学校实训基地的设备都比较落后，企业生产的设备远比这些设备先进，学生到企业后还需要相当长的时间去适应新设备。

（四）师资薄弱，专业教师能力有待提高

全国培养印刷包装技术的高校很少，招录高校毕业生的吸引力较低，受教育程度较高、能力较强的教师很少。

三、加快广西出版印刷包装技术技能人才培养的构想

（一）构建高水平广西出版印刷包装技术专业群

1. 对接产业链，组建广西印刷包装技术专业群。深入调研印刷包装企业对人才需求的情况，以获得准确可靠的人才需求信息；结合地方经济

发展需要和区域内产业发展重点，以企业人才需求为依据，构建印刷包装专业群，以促进人才培养与产业发展之间的无缝衔接，培养企业需要的人才。

对接出版物印刷与包装印刷产业链，组建以图文信息处理专业、印刷技术专业、印后加工专业为核心的专业群，专业群还包括数字印刷专业、包装应用技术专业、计算机平面设计专业、美术设计制作专业、数字媒体技术应用专业。

专业群涵盖出版物印刷与包装印刷产业的印前、印中和印后加工整个生产工艺流程：

印前：包括图文信息处理专业、包装应用技术专业、计算机平面设计专业、美术设计制作专业、数字媒体技术应用专业，主要培养出版物版面设计制作、包装结构设计、包装装潢设计、包装产品 3D 模拟展示等的专业技能型人才。

印刷：包括印刷技术专业、数字印刷专业，主要培养出版物及包装产品的长版印刷、个性化短版印刷、打样等的专业技能型人才。

印后加工：包括印后加工专业、包装应用技术专业，主要培养出版物及包装产品的表面装饰、成型加工、装订、糊盒等的专业技能型人才。

专业群建设，是积极整合现有的专业教学资源、人力资源等，形成一个各专业相互支撑、相互协调的教学资源体系。专业群建设并不是把多个专业简单地聚集在一起，而是要以教学资源为纽带，把各个专业有机地融合成一个整体，梳理各个专业之间的关系和各个专业教学资源需求之间的关系，在资金投入受到限制的情况下，优化教学资源配置。

通过专业群建设，优化教学资源配置、人力资源配置，加强和完善专业群实训基地建设，全方位培养满足企业需求的专业技能人才。

2. 扩大招生规模，推行"3＋3"中高职贯通培养模式。"3＋3"人才培养模式，就是六年制"3＋3 分段式"中高职贯通专业人才培养模式

（下称"3＋3办学模式"），是指高职院校与中职学校合作办学，学生前三年就读于中职学校，后三年到衔接的高职院校就读的一种培养模式。广西印刷包装技术人才"3＋3"培养模式就是前三年在广西新闻出版技工学校学习理论和实操，后三年在衔接的高职院校学习企业管理、人力资源管理等知识，毕业时获大专学历及职业资格证书。通过这种培养模式，为印刷包装企业培养既掌握操作技能，又有管理知识能力的复合型人才。

3. 加大资金投入，打造特色示范实训基地。学校实训基地的设备比较陈旧落后，需要投入资金更新，按照产教融合的要求，使学生适应新时代企业的用工需要。

（二）建设广西出版印刷包装技术专业人才小高地

1. 组建广西出版印刷包装技术专业专家顾问团队。

2. 举办广西出版印刷包装行业"企业家创新创业论坛"。

3. 组建广西出版印刷包装技术专业"技能大师"工作室。

四、加快广西出版印刷包装技术技能人才培养的可行性

（一）广西新闻出版技工学校办学基础好

广西新闻出版技工学校创建于1980年，原名"广西出版技工学校"。2006年10月，经自治区编办批准，学校更名为"广西新闻出版技工学校"。学校曾隶属自治区新闻出版局、自治区新闻出版广电局，现隶属自治区广播电视局。建校近40年来，为社会培养10000多名印刷技术人才。

学校有两个校区：一个是位于南宁市北大北路24号的北大路校区，占地3987平方米；另一个是位于中国—东盟经济技术开发区（武鸣里建教育路7号）的武鸣校区，占地8万平方米。武鸣校区于2013年初开工建设，规划投资2.1亿元，建筑面积共70360平方米。目前累计投资8471

万元，已建成教学实训楼 1 栋、综合实训楼 1 栋、学生公寓 4 栋，建筑面积共约 2.8 万平方米。武鸣校区 2016 年 9 月投入使用，现有学生 1000 多人，目前两校区在校学生近 1600 人。

（二）广西新闻出版技工学校印刷包装类专业建设基础好

广西新闻出版技工学校开设印刷包装技术类专业有印刷技术、印刷图文信息处理、数字印刷技术专业、数字媒体。现有印刷技术类专业学生 1200 多人。2007 年印刷技术专业被原国家新闻出版总署评为骨干示范专业，2015 年数字印刷专业被国家新闻出版广电总局评为骨干示范专业。学校获自治区人力资源和社会保障厅评为"自治区印刷技术高技能人才培训基地"。广西新闻出版技工学校印刷类专业学生就业去向为区内外印刷包装企业、广告传媒企业。如广西区内的广西日报传媒集团印刷厂、广西壮族自治区委员会办公厅印刷厂、广西壮族自治区人民政府办公厅印刷厂、广西民族印刷包装集团有限公司、广西师范大学出版社印刷厂等；区外的广东中山中荣印刷集团股份有限公司、深圳雅昌（文化）集团有限公司、深圳中华商务联合印刷有限公司、广州日报传媒股份有限公司、广州大洋图文数字印刷有限公司、东莞金杯印刷有限公司、浙江印刷集团有限公司等国内大型印刷包装企业。每年的毕业生均供不应求，专业对口就业率达 99％以上，许多毕业生已成为印刷包装企业的技术骨干，

（三）广西新闻出版技工学校新校区建设规划进展良好

2011 年，武鸣校区立项，报自治区人力资源和社会保障厅是按"技师学院"目标建设的。根据学校目前实际，为贯彻落实《国家职业教育改革实施方案》（国发〔2019〕4 号）文件精神，加快印刷包装技术人才培养步伐，学校制定了建设成技师学院的发展规划，并同时与高职院校开展"3＋3"出版印刷包装技术大专层次人才培养，以更好地适应新时代印刷

包装行业人才需求。从 2019 年起，按短期、中期、长期规划如下：

1. 短期规划：2019—2021 年，建成教学楼 1 栋（建筑面积 3688 平方米）、报告厅（建筑面积 2059 平方米）、学生公寓 1 栋（建筑面积 3069 平方米）、教师值班公寓 1 栋（建筑面积 2242 平方米）、运动场（400 米跑道），建筑面积共 11058 平方米，可容纳学生 2500 人。预计需投资约 5000 万元。与区内高职院校初试开展"3＋3"出版印刷包装技术大专层次人才培养，申报自治区级高级技工学校。

2. 中期规划：2022—2024 年，建成图书馆 1 栋（建筑面积 3592 平方米）、综合服务楼 1 栋（可用作教学楼，建筑面积 4059 平方米）、学生公寓 1 栋（建筑面积 3069 平方米）、学生饭堂（建筑面积 1793 平方米），建筑面积共 12513 平方米，可容纳学生 3000 人。预计需投资约 4500 万元。与区内高职院校完善"3＋3"出版印刷包装技术大专层次人才培养方案，申报国家级重点技工学校。

3. 长期规划：2025—2027 年，购置、更新实训设备，实施智慧校园建设，在校生人数达到 4000 人以上。预计需投资约 4000 万元。根据社会需求和借鉴上海出版印刷高等专科学校等高职院校的办学特色，与区外实用型本科院校开展出版印刷包装技术本科层次人才培养，申报技师学院。

市县级广电媒体融合的现状和对策

课题负责人：黄永文

当前，我国媒体融合进入深水区。加快县级融媒体中心建设步伐，是打造区域新型主流媒体的重要举措，已成为国家战略和政府的重要决策。作为市县级媒体的中坚力量，市县级广电媒体的融合成为重中之重。市县级广电媒体的融合现状如何，有哪些做法可以参考，下面略作论述。

一、市县级媒体融合模式

目前在全国范围内，市县级媒体融合主要有几种模式。

（一）独立自主

建设市县级融媒体中心，第一方向是自力更生形成融媒体机构。并非所有的市县级媒体都资源贫乏、经营不善，有些市县级媒体位于经济相对发达、财政收入较高、传媒业市场较大的地区，如北京 16 个区级融媒体平台有着不弱于城市台的资源和实力，有着忠实的用户和更为细分的市场，完全有能力自己建设融媒体中心。自力更生形成融媒体机构的模式从根本上保证了市县级媒体的独立性，但也会面临资源方面的压力。

（二）借力发展

这里所说的借力发展，主要是借力省级以上的媒体资源，依托上级政策、资源扶持，借用成熟的平台和技术支撑的方式，实现媒体融合的成本最小化，效益最大化。市县级媒体依托省级媒体的人力、政策、体制等资源借力发展，建设融媒体中心。"新湖南云""赣鄱云""四川云"等是省级媒体建立的融媒体或新媒体云平台，市县级媒体加入该平台后，就能享受到省级媒体在产品、市场、渠道、技术等方面的资源，有利于市县级媒体提高节目内容的纵深度，也有利于节约开支、降低节目制作成本。但是这样发展起来的市县级融媒体"在地"属性不足，主体性旁落，考验着两个主体的良性互动。

（三）抱团取暖

市县级媒体无法与上级台的资源相比，与其单兵作战，不如抱团取暖。联合发展的探索起源于城市台，多个城市电视台联合起来组建了CUTV联盟即城市联合网络电视台，各城市台共享网络电视牌照资源。县级媒体融合也可借鉴城市台抱团取暖的做法，各县级电视台实现资源、节目、平台、媒体的融合。

（四）以产促融

市县级媒体拥有更为细分的市场和本地化的优势。所以，市县级媒体应该把重心放在如何开发线下的潜在产品，在节目策划、制作、传播和营销各个环节，强化与特定产业（如房地产、旅游、婚恋等）的关联。浙江长兴传媒集团是全链条产业经营的典范。市县级媒体把从其他产业获得的利润投入融媒体中心的建设中，能实现媒体长久发展。

广西属于欠发达地区，市县级广电媒体人才缺乏，发展能力普遍较弱，媒体融合应该用好政策，因地制宜，做好本地化建设，服务好地方党委政府和地方社会，打造区域性主流媒体。就模式而言，根据自己实际均可有所借鉴，但在解决节目资源、扩展宣传渠道方面，借力发展、报团取暖无疑会有事半功倍的效果。

二、市县级媒体融合理念

（一）媒体融合不能简单地理解为传统媒体自身向新媒体的转型

即使是"转型"，许多县级媒体领导也认识不到位，以为设立一个"新媒体"部门，建设"两微一端一站"就完成了转型。媒体融合一定是传统媒体与新媒体、传统媒体与网络的跨媒体融合，也是媒体与政务、教育、商业等行业的跨产业融合，同时也是跨区域发展的融合。县级广电等传统媒体之间的融合较中央、省级传统媒体更为容易。县级传统媒体均由当地县委宣传部主管，当地党委的协调或政府政策引导，是县级传统媒体之间融合的外在推力。技术、人才、设备等都缺乏的县级传统媒体之间相互取长补短是融合的内在动力。只有电视台与报纸融合才可以提高县级融媒体的整体传播力。未来媒体的主要受众不再区分报纸和电视用户，而是统一的互联网用户。

（二）"中央厨房"不是融媒体的标配

"中央厨房"的建设投资巨大，不是市县级融媒体可以承担的。况且，媒体融合不是简单复制，要针对不同的平台、调性、对象、偏好，提供各具特色的"美味新闻大餐"。市县级融媒中心要学习"中央厨房"的"神"，而不是"形"。"中央厨房"的重点是在构造一套管理、运作体系，包括内容生产、传播、运营和管理。要打破原有旧的运行和管理格局，建立新型融合格局。

（三）融合不是目的地，内容建设永远在路上

媒体融合是手段不是目的，是为了适应新的传播环境，提高传播力和影响力。一些市县级传统媒体的新媒体平台存在内容更新慢、电视端的内容直接移植到新媒体平台、语音播报使用机器合成声音等问题。资金和人才短缺不应该是出现这些问题的借口，关键还是看传统媒体的领导重不重视新媒体平台，是否真正认识到"融合"一定是资源联动、内容共享、人员协同、营销相融、产业并举。因此，提高县级融媒体的传播力和影响力，内容建设、打造精品是永远的主题。

三、市县级媒体融合策略

关于融合策略，"机构组织有机融合""全媒体人才建设""技术手段升级"等，已成为不争的共识。5G 应用踏步而来，短视频成为最强劲的流量"风口"。因而，无论采用哪种模式，我们都要树立"移动优先"的理念，打造能够提供智慧城市服务的 App 以及其他融媒体产品。当下，强化市县级融媒体 App "新闻＋政务＋服务"的功能和高度重视短视频的创作和生产，是实现市县级媒体融合突破的有力抓手。

市县级广播电视台发展融媒体要"因台制宜"，可以入驻省级平台，集中人力物力，借力发展；也可以自力更生，建设自己专属的融媒体平台。融媒体 App 不仅要建成"新闻客户端"，还要做成"新闻＋政务＋服务"客户端。App 客户端要解决几个问题：一是定位要准确。一方面以当地百姓喜闻乐见的作品展示政治经济成就，呈现特色地域文化；一方面提供贴地气的本地化服务，如旅游和地产服务等。二是提供精细化服务。广电多年来沉淀的用户数据可形成"用户画像"，为进一步的精细化信息生产、推送提供参考依据。三是"线上＋线下"的参与式互动，夯实本地媒体平台阵地。本地化和一体化运作的"线上＋线下"服务能力是关键核心

能力，是壮大市县级媒体平台和舆论阵地的核心手段。

市县级广播电视台发展融媒体 App 要扬长避短。广播电视台之"长"就在于视频，要高度重视视频的创作，尤其是短视频的创作。近两年，短视频呈井喷式发展，而 5G 应用将使短视频成为传播的主流形式。对此，市县级广播电视台应有清醒的认识，提前预判，尽快着力制作短视频。一方面解决渠道布局，一方面高度重视内容生产。

和传统平面媒体相比，电视媒体对视频资源的收集、整理和编辑加工都是有优势的，可以充分利用地域化信息资源，制作本地化内容产品，同时兼顾外地受众的需求，适当选取新颖、娱乐化的内容，扩大短视频传播面、传播力、影响力。一些市县台的经验表明，由于受众差异，在本地传统媒体传播效果不佳的新闻题材，不一定不适合受众面广、用户量大的短视频平台；非本地的新闻视频资源甚至网络视频也能为我所用。所以内容生产一定要树立互联网思维、视频思维。比如，传统的电视新闻操作更注重完整性，记者往往容易忽视对细节的捕捉和放大；而短视频则不同，在短短不到一分钟的时间里，需要将细节放大，突出重点。这就要求采制人员要适应新的媒体发展要求。

全区县级播出机构供片工作调研报告

课题负责人：宁　波

一、调研背景

广西电视节目交流供片中心（以下简称"供片中心"）自 1998 年成立以来，一直担负着为全区县级电视台提供电视节目的购买、制作、交换、供应等工作，是广西唯一的区级直属电视节目供片单位。原县级广电局、电视台合一，供片中心与县级播出机构工作对接十分顺畅，供片工作不但全区全覆盖，而且多年来提供政治导向正确的优秀节目，协助上级部门维护播出秩序，没有出过任何播出事故，13 年连续提前回收供片款项，在 2017 年全国供片协作体交流会上作过先进发言。

2018 年 8 月 21 日，习近平总书记在全国宣传思想工作会议上指出，要扎实抓好县级融媒体中心建设，更好引导群众、服务群众。2018 年底开始，全区县级广电机构改革，县级电视台脱离各县广电局，与相关媒体单位陆续组建县级融媒体中心，由各县委宣传部管理。因县级融媒体中心负责人更换较多，多数重新任命，对广电工作不熟悉，对供片业务不了解，2019 年供片回款率与同期相比差距较大，影响了供片有序发放。

二、调研活动开展情况

2019年4月2日，供片中心负责人宁波、业务主任卢彬彬、原供片中心主任钟喜星、黄英四人驱车来到广西县级融媒体中心国家试点单位——横县融媒体中心，开展试点调研工作。供片中心调研人员通过与横县融媒体中心相关领导及业务人员座谈的方式，介绍供片中心20年集中统一供片的历史背景、方式与成绩，征求对供片工作的意见与建议，听取融媒体中心对供片节目的新要求，进一步对接好供片服务工作。横县融媒体中心相关领导向供片中心调研人员介绍了融媒体中心及广播电视台建设情况，提出了在县级融媒体中心这个新平台上节目内容的新要求与建议，并陪同供片中心调研人员参观了融媒体中心指挥中心、采编部门、演播室、播控室等场所，双方加深了相互了解，明确了下一步的合作方式。

在横县融媒体中心取得供片调研的成功经验后，我们于2019年5月6日正式开启对全区75家县级播出机构（县级融媒体中心）及2家企业台（柳钢广电中心、宁铁融媒体中心）供片调研、重新对接的工作。供片中心调研人员同时结合践行"四力"、认真学习贯彻"不忘初心、牢记使命"主题教育活动的开展，将"边学习、边调研、边整改、边落实"的活动要求融入此次全区供片工作调研行中，使调研活动富有成效。

截至2019年7月25日，供片中心负责人宁波、业务主任卢彬彬、原供片中心主任钟喜星、黄英一行四人，规划好路线，马不停蹄，分片区进行调研工作。调研总历时33天，开车行程达11887公里，完成77家单位的调研，平均每天调研2—3个县，最多的时候一天调研4个县。供片中心调研人员来到各县（区、市）县委宣传部、融媒体中心、广播电视台，拜访广电系统老朋友，结识融媒体宣传系统新朋友，重新对接供片工作。每到一处，供片中心调研人员向县级融媒体中心负责人介绍全区集中统一供片的缘由、重要性，供片方式及成绩，各县级融媒体中心（广播电视台）负责人也为供片中心务实苦干的工作作风、细致平和的服务精神感动，开诚布公地跟供片中心调研人员交流了许多基层工作的意见与建议，纷纷表示愿意继续与供片中心合作，共同维护播出秩序的稳定，保证播出节目导向正确。

三、调研成果

1. 此次全区调研，正值"不忘初心、牢记使命"主题教育活动之际，供片中心调研人员将践行"四力"和"不忘初心、牢记使命"主题教育活动结合在调研中，一路秉持"守初心、担使命、找差距、抓落实"的要求，边学习、边调研、边找问题、边抓整改落实。此次全区调研历时两个多月，在调研的过程中，由支部书记黄英、支部委员宁波、党员钟喜星组成的党支部小组参观了东兰红色教育基地韦拔群纪念馆、龙州红八军纪念馆，进行"传承红色基因、勇担职责使命"教育，联系实际进行思考，悟原理、明方向；在南宁休整时，开展本支部的理论学习，读原著学原文，深入领会相关重要文件精神，使整个调研活动结合政治思想教育工作卓有成效。

2. 此次全区调研，与全区 75 家县级播出机构及 2 家企业台负责人加深相互了解，再次建立了良好的合作关系。县级播出机构是我党意识形态宣传阵地面向基层老百姓特别是农村老百姓的最后一公里。供片中心是自治区广电局工作直接对接县级播出机构的唯一单位，担负着协助区局相关部门维护县级播出机构播出秩序稳定、把好政治宣传导向、确保节目安全播出的重大责任。我们一路调研前行，同时做好智慧广电、节目供片工作的宣传。每到一处，供片中心调研人员介绍电视节目供片集中统一的工作方式，宣传维护播出秩序稳定的重要性，宣传"壮美广西、智慧广电"相关内容，解答基层单位提出的供片问题。这些县级播出机构的负责人，特别是刚从广电系统以外过来的负责人，有些对广电业务安全播出重要性还暂时不太了解，听了供片中心调研人员的介绍，从不了解到理解再到坚定支持，他们态度的转变为今后供片工作开展打下坚实基础。供片中心调研人员还与全区 75 家县级播出机构及 2 家企业台负责人、供片业务主管、供片业务具体工作人员互留联系方式，建好全区供片工作详细通讯录，建好全区融媒体负责人及供片业务工作微信沟通平台；并与 15 家已经改制完毕的县融媒体中心重新签署供片合同，保证供片节目款顺利回款。

3. 收到县级播出机构对供片工作的良好反馈。

（1）20 年来，在自治区广电局领导及传媒处的大力支持下，供片中心为全区县级播出机构集中统一供片，解决了县级播出机构购买电视剧播放不足、渠道不通的问题。从 2005 年起，区局每年召开全区县级播出机构工作会议，为县级播出机构维护播出秩序先进单位颁奖，使县级播出机构获得绩效加分。基层电视台的老广电人对区局及供片中心这 20 年的供片工作给予了高度评价，感谢区局及供片中心为基层做了一件大好事。

（2）供片节目内容安全放心、传输质量越来越好，获得基层好评。2018 年，供片中心开始使用硬盘发放节目源，节目播出的清晰度和色彩还原度质量高，使用简便，获得绝大多数播出机构的肯定与赞扬。供片中心这几年提供的电视剧节目源较新，内容紧跟时代步伐，基本是符合时代要求的正能量电视剧，片源的内容质量逐年提高。供片中心为基层选片，把好政治安全关、节目质量关，基层电视台用得放心，基层老百姓也喜欢看，受到大家的好评。

（3）供片中心定位准确、对基层以服务为主，收费以维持供片运作为标准，为全区供片打下扎实基层。供片中心供片工作主要以服务全区县级电视台、协助上级维护播出秩序稳定为主，尽量降低供片费用，以最低成本运营，收取的购片款也以保障供片运转为目的。供片中心从 2018 年 1

月起，每天按照 4 集电视剧的数量，加上赠送的纪录片，每年提供 1500 集以上的电视节目给县级播出机构播放，满足了绝大多数县广播电视台的播出要求。而低廉购片费用为保障县级电视台电视节目播放解决了巨大的资金问题。有好几个县台领导说，没有区供片中心提供的节目就无法保障播出秩序的稳定与安全。

4. 针对融媒体中心新平台的新需求，收集了基层对供片工作提出的宝贵意见与建议，为供片中心节目进一步改进服务工作提供依据。

（1）希望随着科技进步，在硬件与技术条件成熟的情况下，再升级片源发放方式，更新到网络传输方式发放片源。这样时效更快，免除硬盘寄送和节目储存，安全便捷。

（2）希望提供高清节目，以符合 2020 年国家要求县级播出机构实现高清播放的要求。

（3）继续提供紧跟时代步伐的正能量电视剧节目，并希望增加少儿类动漫节目及社科、生活综艺、旅游类短片、扶贫科普相关节目。

（4）在重大活动、节庆期间提供相关公益宣传节目。

（5）加强沟通，及时交流，创新节目交流方式。

四、调研收集到的意见与建议的解决情况

1. "壮美广西·智慧广电"工程正在紧锣密鼓建设，等该工程全区建设完毕投入使用后，5G 技术也成熟运用了。供片中心将申请区局在"广电云"为供片中心开一个媒体库，这样即可通过"广电云"实现 5G 网络安全快捷地向县级播出机构输送节目。

2. 供片中心目前购买的节目源已经是高清片源，因县级网络中心提供的输出口仍是标清端口，所以还需压缩节目源为标清格式发放给县级电视台，等 2020 年县级网络中心输出端口统一调整到高清端口后，高清节

目即可统一发放。

3. 已经建立使用全区供片工作微信群，县级播出机构、供片中心相关人员可直接在群里沟通交流相关节目质量、编排、寄送等问题，最快速度进行处理，做好供片服务。

4. 2019 年 6 月，供片中心与广西音像资料馆合作，积极配合"不忘初心、牢记使命"主题教育活动要求，策划组织了 28 部反映革命战争时期、中华人民共和国成立时期（包括《英雄儿女》《地道战》《上甘岭》《刘三姐》等）的优秀影片，以"庆祝中华人民共和国成立 70 周年""壮美广西智慧广电"优秀影片专题展播的形式，于 2019 年 7 月 3 日发放给广西 75 个县（区、市）级融媒体中心（广播电视台）、2 个企业台（柳钢广电中心、南宁铁路局融媒体中心）。这些专题影片让人民群众重温革命历史，贴切"不忘初心、牢记使命"主题教育和庆祝中华人民共和国成立 70 周年大环境，是自治区广电局为基层老百姓服务的暖心事。

5. 供片中心继续保持同全国供片协作体的密切联系，一是争取落实少儿类动漫节目、社科、生活综艺、旅游类短片、扶贫科普等相关节目的版权购买事宜，寻找节目内容符合广西需求、价格广西各县能承受的相关节目，争取 2020 年能为广西县级播出机构发放。二是争取在供片平台上与全国县级融媒体中心交流，同步发展。

6. 争取在区局领导及各处室的协助下，与全区各厅局的宣传部门取得联系，面谈沟通，争取建立各行业公益宣传片的供应渠道，让存放在库里的公益宣传节目"走出来"，为县级基层群众提供更多更好的精神食粮。

7. 全区调研结束后，建立了全区融媒体中心负责人微信群，加强沟通、及时交流工作，创新节目交流方式。同时也将区局下发的相关通知精神以最快速度传达到县级融媒体中心，成为保障播出秩序播出安全的便捷通道。

8. 供片中心牵头，于 2020 年在广西部分县设立县级融媒体中心节目共享平台试点，利用各县级电视台现成的地方特色旅游、非遗文化、美食等视频，由供片中心统一剪辑制作成视听短视频，盘活既有资源，改各县自我宣传为全区大家宣传，产生"1＋1大于2"的作用，将在全区各县电视台、新媒体播放。

五、全区调研后对供片工作的思考

第一，供片中心20年供片工作形成的成功经验、方法方式一定要总结与继承。

供片中心20年来根据广西各县经济实力不强的实际情况，在自治区广电局的大力支持与领导下，自身定位准确：对基层以服务为主，以老黄牛的精神，用最低成本运作的模式，让大多数县级播出机构以5万元左右的价格，购买到全年1500集左右以电视剧为主、加上少部分科教类纪录片的电视节目，为广西县级播出机构播出秩序多年的稳定作出了巨大贡献，解决了基层电视台购片缺乏资金、节目内容把握不准的难题，为县级播出机构做了一件大好事。此次调研，大多数原县级电视台的广电人因此对区局及供片中心表示感谢，供片中心由此在县级电视台有着良好的合作关系。

第二，在当前媒体大融合、大变革的新形势下，供片工作将在基层县级融媒体中心大有作为。

习近平总书记提出新形势下宣传思想工作使命任务为"举旗帜、聚民心、育新人、兴文化、展形象"，强调"要扎实抓好县级融媒体中心建设，更好引导群众、服务群众"。县级媒体融合既是未来的重大机遇，也是主流意识形态宣传面临的严峻挑战。县级融媒体中心必须牢牢坚守基层意识形态阵地，打赢"基层舆论争夺战"。

供片中心是自治区宣传文化系统的"正规军"，是自治区广电局面向县级播出机构业务来往的重要窗口，是为县级融媒体中心打赢"基层舆论争夺战"输送正能量内容的"嫡系部队"，在当前媒体大融合、大变革的新形势下供片工作日益重要。

山东省节目交流中心年经营性收入逾 2000 万元，安徽省电视节目供片中心、四川省音像出版社（供片中心）年经营性收入也逾 1800 万元，这些省级供片中心的运作模式均为以点（统一供片）带面（多种产业）的多种经营方式，协助本省上级部门做好意识形态管理的同时，多种经营带动本省县级新媒体产业联合发展。不但为县级播出机构供片，也为市级电视台联合统一供片，扩大了供片市场，还联合影视制作单位，为县级融媒体中心制作精品短视频、服务县级文化宣传等，为广西供片工作树立了学习的榜样。

广西县级融媒体中心的发展处于起步阶段，底子薄弱、人员老化、编制不足等是普遍存在的问题。自治区党委书记鹿心社提出了"解放思想、改革创新、扩大开放、担当实干，奋力开启建设壮美广西共圆复兴梦想新征程"的要求。俗话说"锦上添花不如雪中送炭"，供片中心在新时期更应该投入基层意识形态阵地的建设中，联合自治区各级宣传部门及国内相关平台，为县级融媒体中心提供更多更好的节目内容，牢牢坚守基层意识形态阵地。

应势而为，改革创新促发展

课题负责人：韦景欢

为全面贯彻落实党中央、国务院有关改革精神，坚持社会主义市场经济改革方向，充分发挥市场在资源配置中的作用，广西广播电视器材总公司自成立以来，就严格按照自治区编办明确公司承担相关公益服务的事业单位职责定位及"独立核算、自收自支、自负盈亏"的企业化管理定性，牢固树立创新发展理念，积极主动适应市场发展趋势，不断改革创新，激发内生发展动力，增强市场竞争力，促进公司健康可持续发展。

一、公司概况

（一）公司历史

广西广播电视器材总公司是一个有着近 70 年历史的老单位，公司最早前身是 1951 年成立的广西人民广播电台服务部（为全区的有线、无线广播听众服务，向全区市、县、乡广播台站提供技术服务、机务培训、配件生产等）。随着事业发展，又承担全区广播电视事业建设器材的调拨供应业务，更名为广西广播电视器材供应站。20 世纪 70 年代末唱片业和音像产品的快速发展，从器材供应站分出队伍，成立了广西唱片公司。1994

年，为适应改革开放新形势，加强广播电视事业建设和行业管理，经广播电视厅党组研究并报自治区编委批准，将广西广播电视器材供应站、广西唱片公司、广西广播电视服务公司（80 年代为安排知青就业成立的厅属集体企业）、广西广播电视厅劳动服务公司（广西广播电视厅成立的三产公司）、广电厅技术部服务公司等单位合并，组建"广西广播电视器材总公司"（事业单位，定编 110 人，执行企业化管理），为自治区广播电视厅直属单位。在 2016 年完成的全国性事业单位清理规范活动中，由"公益三类"变更为"生产经营类"事业单位。

（二）人员结构

广西广播电视器材总公司人员结构复杂，有在编人员（含干部和工人）、聘用人员、临时工、劳务派遣人员。

1994 年核定自收自支事业编制 110 人，2006 年核定自收自支事业编制 69 人，2016 年核定自收自支事业编制 40 人。随着业务的发展，在职人员有增有减，但退休人员却是连年递增。具体人数见下表。

表 1　广西广播电视器材总公司 1994 年至 2019 年人员结构

（单位：人）

年份	在职职工		退休职工	职工总数
	编制内	编外聘用		
1994 年	64		7	71
1997 年	87		11	98
2000 年	68	32	21	121
2006 年	60	27	26	113
2010 年	46	23	32	101
2016 年	34	33 （含劳务派遣用工 16 人）	40	107
2019 年	26	24	44	94

二、改革历程及成效

广西广播电视器材总公司成立时的职责任务为向全区销售广播电视器材和特种器材，参与广电事业建设。为了适应市场经济发展需要，公司积极探索，大胆实践，结合自身实际和行业特点做了大量的改革试点工作，取得了一定的成绩。

（一）人事用工改革

1. 实行总经理负责制。1995 年 12 月，公司根据自治区广播电视厅批准的《广西广播电视器材总公司章程》，结合实际情况，制定了人事管理制度。公司的人事管理工作在上级主管部门的指导监督下实行总经理负责制。总经理由区广播电视厅任命，负责贯彻执行党的路线、方针、政策，运筹规划公司发展，全面领导公司的经营和管理工作；副总经理由总经理提名，报厅聘任。所属的供应分公司、唱片公司、专营设备分公司、财务部、国际贸易部、设备检测室、办公室等负责人由总公司聘任，报厅人教处备案。人员配备严格控制在区编委下达的 110 人的编制数内，在统筹安排好原有人员的情况下，还从厅机关及直属单位中调拨技术骨干和适合从事商业工作的人员以及接收专业对口的大、中专毕业生充实到公司。

2. 积极推行中层领导竞聘上岗制度。为进一步深化人事制度改革，充分调动广大干部职工的积极性、主动性，公司在中层管理人员中引入了竞争机制。1999 年起公司对中层干部实行聘任制，一年一聘，年终考核不合格者即可解聘。主要措施：一是聘任期间享受相应的政治待遇；二是聘用人员工资档次不随职务提高，聘任期间年度正常晋升工资按原工资档次晋升，享受相应的职务津贴，不任职不享受职务津贴；三是任职期间连续三年完成任务者，经报局人教处审批通过后相应职务工资套入档案工资；四是档案工资和执行工资分离。通过推行竞争上岗制度，形成了能者上、平者让、庸者下的良好用人氛围。

3. 推行全员聘用制。为全面推进改革和发展，加大力度深化人事、用工、分配制度改革，进一步转换经营机制，逐步建立与社会主义市场经济相对接的现代企业制度，明确责、权、利，加强管理和监督，打破铁饭碗，打破大锅饭，从根本上解决企业与员工的利益关系，把企业的效益和员工的收入紧密联系在一起，充分调动广大员工的主动性、积极性、创造性，做企业的主人。2000 年 1 月，总公司制定了《广西广播电视器材总公司改革草案》。

（1）总公司内部取消处、科行政级别，按聘任职务享受相应的政治待遇、工资待遇。在编职工执行全员聘用制（内聘），在保留干部、职工身份的前提下，由本人自愿提出申请与总公司签订聘用合同。

（2）技术职称执行评、聘分离，总公司根据需要聘用，不聘用不享受相应行政待遇。

（3）今后凡进入总公司的员工一律执行外聘制，停止办理借调或者调动手续，特殊情况必须报自治区广播电影电视总局党组同意。

（4）人事档案管理逐步过渡到人才交流中心委托代理制。

（二）内部分配制度改革

打破"大锅饭"，实行档案工资和执行工资相分离，建立以"全额浮动，拉开差距，严格考核，基本保障"为主要内容的新的工资分配制度，激励员工去竞争、去拼搏，去创造劳动成果，体现自身价值，获得应得利益，充分发挥员工内在潜能，提升企业效益。

1. 总公司内部各部门间的核算。在公司内部实行分级核算的管理体制。各经营部门间实行独立核算，自负盈亏，按照市场需求组织经营活动，扩展业务，总公司不直接干预其经营活动。各级核算单位有用工自主权，人事管理引入竞争机制，对专业技术岗位实行凭证上岗制度，对新进人员实行劳动合同制，对已有人员实行优化组合，择优上岗。

2. 实行目标责任制管理。总公司与下属各部门签订目标责任状。为保持公司持续经营稳步发展，总公司对所属各部门实行目标责任制管理。年初，总公司制定各部门年度目标任务，明确考核办法、考核指标、责任人产生办法。对部门责任人实行风险管理，责任人向总公司交纳风险抵押金，完成年度目标任务的给予奖励，未完成任务的，扣罚风险抵押金。目标责任制的实施，极大地调动了各级管理人员和职工的积极性和创造性，人的聪明才智得以充分发挥，责任感和紧迫感进一步增强，经营效益稳步提升。

3. 按劳分配，多劳多得。为积极探索市场经济条件下自我生存、自我发展的新路子，使收入分配制度适应市场经济发展规律，提高经济效益，争取公司效益和职工收入同步增长。从 2000 年开始，公司领导勇于实践，大胆创新，建立了按岗定酬与按任务定酬、按业绩定酬相结合，以岗位工资为主要内容的内部分配办法，脱离档案工资，岗变薪变。鼓励职工通过劳动，多劳多得，走上富裕的道路。从总经理到一般职工，按职务高低、岗位责任大小、技术含量、劳动强度、贡献水平确定相应的工资待遇，并把每个人的工资收入与经济效益挂钩，奖勤罚懒，严格考核。在制定岗位工资的过程中，不搞平均主义，拉开档次，真正体现多劳多得的分配原则。截至目前，公司分配制度已进行多轮改革和完善，在一定程度上打破了大锅饭，拉开了收入分配上的差距，基本改变了过去干多干少一样，干好干坏一样的状况，职工的精神面貌发生了很大变化，工作积极性和效率明显提高，形成了个个想方设法干好工作，努力争创一流业绩的良好局面。

三、目前面临的问题

（一）现有管理体制存在制约公司发展的不足

公司自成立时起，就按照市场经济规律开展相关经营、管理和服务工作。随着社会经济的发展，公司改革的深入，公司已基本实行企业化管理，但现有的事业单位的部分条款限制了公司的发展壮大，致使公司不能真正按照"自主经营、自负盈亏、自担风险、自我约束、自我发展"的独立市场主体来开展经营管理工作。这一问题已成为长期困扰公司发展壮大的难点问题，也是职工最迫切希望解决的痛点问题。如在职工工资发放方面，公司现行的工资体系是公司按照"多劳多得"分配原则制定，经公司全体职工大会讨论通过的绩效工资体系，打破了分配中的"平均主义""大锅饭"思想，以岗定薪、岗变薪变、同岗同酬，业务员业务提成上不封顶，职工档案工资只作为缴纳社保的基数参考，不作为工资发放依据。这一工资体系极大地提高了职工的工作积极性、主动性和创造性。但在审计、巡察、督查时，相关人员却指出：公司职工津补贴发放未严格遵照人社厅核定的明细项目发放。公司作为自收自支事业单位，假如按照人社厅核定的发放，会挫伤大部分职工的工作积极性，也会让部分职工滋生不干活也有钱拿的思想。

（二）公司推进改革，打破大锅饭，触动少数人利益

公司坚持以经济建设为中心，锐意改革，打破铁饭碗、大锅饭，实行全员聘用制，竞争上岗，形成了能者上、庸者下的良好用人氛围，得到了绝大多数干部职工的拥护，但触动了少数人的利益，个别被调整下来的干部罔顾事实，以各种莫须有的罪名，用写匿名信、越级上访等形式，诬告、诽谤推进改革的公司领导，妄图恢复原来的铁饭碗、大锅饭，这些人

给公司的日常经营造成很大的影响，也引起了大多数干部职工的强烈不满。

（三）退休职工从社保领取的退休金较低

公司职工自 1991 年开始在南宁市社保缴纳养老保险，因社保政策缺陷，导致公司在编退休职工从社保领取的退休金极低，仅为企业退休职工的一半、其他事业单位退休职工退休金的 1/3 左右，津补贴全部由公司承担。公司就此问题多次向相关部门反映，一直未能得到解决。

四、意见建议

政府对生产经营类事业单位的改革已列出明确的时间表，到 2020 年底前必须完成，目的是解决事业单位从事生产经营活动存在的政企不分、事企不分，以及体制不顺、机制不活、效益不高等突出问题。通过改革，激发企业内生发展动力，增强市场竞争力，更好地发挥市场主体作用。

在开展调研过程中，广大干部职工提出如下意见建议：

1. 公司只有转企改制才是好出路，才能更好地促进公司发展壮大。

2. 为了增强生产经营类事业单位转企改制的信心，减少其转企改制的思想顾虑，政府要有"花钱买机制"的决心和"扶上马、送一程"的诚心，为转企改制单位已退休人员和"530"人员（事业单位转企改制时，距法定退休年龄不足 5 年或工龄已满 30 年的职工）解决好退休待遇，并给予企业经营方面的政策优惠和扶持。

3. 希望政府相关部门对生产经营类事业单位进行改革时，应该在充分调研的基础上，制定出既能扎实稳妥推进改革又能使被改革者拥护和支持，既能保障国家利益又能兼顾各方利益的科学的、可操作性强的改革指导意见，这样才能顺利地进行下一步改革。

改革是一项系统工程，需要多方努力，齐心协力，共同推进，既需要国家的顶层设计，也需要地方的中层设计，必须注重改革的系统性、整体性、协同性。

习近平总书记在主持中央全面深化改革领导小组会议时指出："对重大改革尤其是涉及人民群众切身利益的改革决策，要建立社会稳定评估机制。遇到关系复杂、牵涉面广、矛盾突出的改革，要及时深入了解群众实际生活情况怎么样，群众诉求是什么，改革能给群众带来的利益有多少，从人民利益出发谋划思路、制定举措、推进落实。""要坚持眼睛向下，脚步向下，尊重基层群众实践，解决群众生产生活中面临的突出问题，务必使改革的思路、决策、措施都能更好满足群众诉求，做到改革为了群众、改革依靠群众、改革让群众受益。"